AF523111

Titel der Originalausgabe: Your Handwriting Can Change Your Life
Copyright © 2000 by Vimala Rodgers
Originally published by FIRESIDE, a Division of Simon & Schuster, Inc., New York

Vimala Rodgers: Ändern Sie Ihre Handschrift und Sie ändern Ihr Leben
Projektmanagement: Marianne Nentwig
© Lüchow – Kamphausen Media im Verlag »Die Silberschnur« GmbH
Übersetzung: Alexandra Seiler
Lektorat: Regina Rademächers
Covergestaltung/Illustration: Uwe Müller
Layout/Satz: Wilfried Klei
Druck & Verarbeitung: CPI Books GmbH

www.silberschnur.de/kamphausen

3. Auflage 2026

Bibliografische Information der Deutschen Nationalbibliothek

Die Deutsche Nationalbibliothek verzeichnet diese Publikation in der Deutschen Nationalbibliografie; detaillierte bibliografische Daten sind im Internet über **http://dnb.d-nb.de** abrufbar.

ISBN Printausgabe: 978-3-89901-917-9

ISBN E-Book: 978-3-89901-918-6

Alle Rechte der Verbreitung, auch durch Funk, Fernsehen und sonstige Kommunikationsmittel, fotomechanische oder vertonte Wiedergabe sowie des auszugsweisen Nachdrucks vorbehalten.

Verlag »Die Silberschnur« GmbH · Steinstraße 1 · D-56593 Güllesheim
www.silberschnur.de · E-Mail: info@silberschnur.de

VIMALA RODGERS

ÄNDERN SIE IHRE HANDSCHRIFT UND SIE ÄNDERN IHR LEBEN

Lüchow

Kommentare zum Buch

„Symbole sind der Schlüssel zur Kommunikation. Lesen Sie dieses faszinierende Buch zum Thema Selbstdarstellung, um sich selbst und Ihre Fähigkeit, sich zu ändern, zu verstehen."

Bernie Siegel,
Arzt und Autor von *Prognose Hoffnung: Liebe, Medizin* und *Wunder und Coaching für die Seele*

„Vimala bietet ein erfrischendes, klares und bemerkenswertes Alphabet für jeden, dessen Handschrift ein wenig Ermutigung braucht – sogar für diejenigen, die am liebsten aufgeben würden. Wenn Ihnen bereits bei dem Gedanken, sich selbst in Schriftform ausdrücken zu müssen, schlecht wird, dann brauchen Sie dieses Buch."

Margaret Shepherd,
Autorin von *Calligraphy Made Easy* und *The Art of the Handwritten Note*

„Was Yoga für die Körper-Geist-Verbindung ist, ist Vimala Rodgers' Arbeit für die Geist-Körper-Verbindung. Ich kann ihr Freude spendendes Buch jedem auf dem Weg zur Heilung und Vollständigkeit nur empfehlen. Es ist die fehlende Verbindung auf dem holistischen Weg."

Andrew Ramer,
Autor von *Angel Answers* und *Revelations for a New Millennium*

„[Dieses Buch] ist einfach nur aufregend. Ich habe das starke Gefühl, dass Vimala Rodgers richtig liegt, und deshalb fange ich noch heute an, meine Handschrift zu ändern. Ich rate Ihnen, dasselbe zu tun."

Christiane Northrup,
Ärztin und Autorin von *Frauenkörper – Frauenweisheit, Lustvoll durch die Wechseljahre* und *Eine neue Sichtweise der Wechseljahre* (DVD)

„Das Vimala Alphabet ist bereit, die Welt zu verändern. Vimala Rodgers vertritt ihr Thema leidenschaftlich und auf solch unterhaltsame Weise, dass man mitmachen möchte."

Henriette Anne Klauser,
Ph. D., Autorin von *Write It Down, Make It Happen*

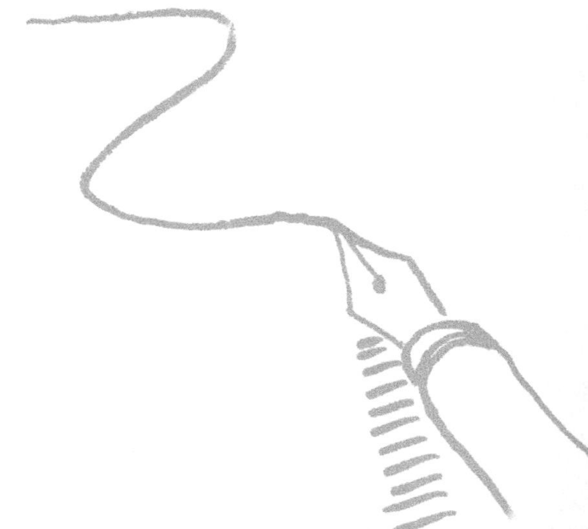

TEIL EINS
EINFÜHRUNG IN DIE HANDSCHRIFTENANALYSE
11

Kapitel 1: Was bedeutet Handschrift? 13

Kapitel 2: Fragen & Antworten 19

Kapitel 3: Wichtige Bestandteile der Handschrift 27

TEIL ZWEI
DAS ALPHABET
93

Kapitel 4: Die Familien des Alphabets 94

Kapitel 5: Die Familie der Kommunikation 96

Aa: Der Buchstabe des Ruhms 96

Ooo: Der Buchstabe der mündlichen Kommunikation 98

Dd: Der Buchstabe des Einfühlungsvermögens 100

Gg: Der Buchstabe des Erfolgs 103

Qq: Der Buchstabe der Nächstenliebe 106

Pp: Der Buchstabe der Selbstliebe 108

Kapitel 6: Die Familie des Lernens und Bewertens 111

Yy: Der Buchstabe der Selbstanerkennung 111

Uu: Der Buchstabe der Aufgeschlossenheit 113

Ww: Der Buchstabe des Lehrers 116

Vv: Der Buchstabe der Urteilsfähigkeit 117

Kapitel 7: Die Familie der Würdigung und Ausdruckskraft 120

Mm: Der Buchstabe der göttlichen Gnade 120

Nn: Der Buchstabe der Freundschaft 123

Hh: Der Buchstabe der energiegeladenen Selbstverwirklichung 124

Kapitel 8: Die Familie der Einsicht 129

Ll: Der Buchstabe der angeborenen Spiritualität 129

Eeε: Der Buchstabe der Toleranz 131

Ii: Der Buchstabe der klaren Wahrnehmung 133

Jj: Der Buchstabe der Intuition 136

Kapitel 9: Die Familie der angewandten Kreativität 139

Ff: Der Buchstabe, seine eigenen Talente zum Wohle anderer einzusetzen 139

Rr: Der Buchstabe der angeborenen Kreativität 142

Ss: Der Buchstabe des Gleichgewichts 144

Kapitel 10: Die Familie des Ansehens 147

Tt: Der Buchstabe des Visionärs 147

Th th: Ligatur: Der Buchstabe der Flexibilität 150

Kk: Der Buchstabe für den Umgang mit Autorität 151

Bb: Der Buchstabe des seelenbezogenen Geschäftssinnes 153

Kapitel 11: Die Familie des Vertrauens und der inneren Autorität 155

Cc: Der Buchstabe des vollständigen Vertrauens 155

Xx: Der Buchstabe der inneren Autorität 157

Kapitel 12: Das Zz steht allein 161

Zz: Der Buchstabe der vollkommenen Zufriedenheit 161

TEIL DREI
MIT DEN VERÄNDERUNGEN BEGINNEN
163

Kapitel 13: Wie Sie die Änderungen in Ihrer Handschrift üben können 164

Glossar 167

Referenzen 171

Danksagung 172

Über die Autorin 173

TEIL EINS

EINFÜHRUNG IN DIE HANDSCHRIFTEN-ANALYSE

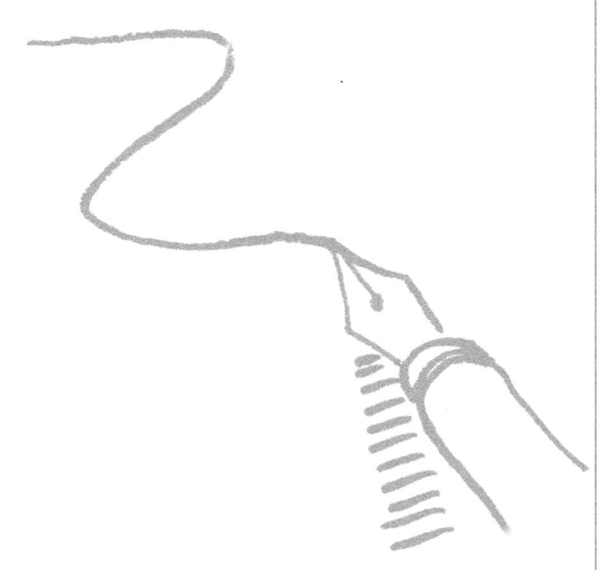

Kapitel 1
WAS BEDEUTET HANDSCHRIFT?

Dieses Buch möchte Ihnen helfen, Ihre versteckten Talente, Ideen und Fähigkeiten wiederzuentdecken – Schätze, die Sie vor langer Zeit tief in sich versteckt haben. Als Kinder hatten wir unsere guten Gründe, etwas, das uns wirklich Spaß machte, geheim zu halten, oder Ideen, von denen noch niemand etwas gehört hatte, nicht auszusprechen. Manchmal reichte es schon, von den Erwachsenen für unsere Ideen eher belächelt als ermutigt zu werden, um diese still und leise tief in unserem Innersten zu verstecken – aber verschwunden sind sie nie. Sie sind lediglich verborgen und warten und warten ...

Die Mauer, die diese besonderen Begabungen versteckt hält und die uns daran hindert, sie wieder ans Tageslicht zu holen, besteht aus *Angst.* Sie lebt in unserem Verstand. Wir haben sie dort errichtet und so können auch nur wir sie wieder einreißen und unsere einzigartigen Talente zum Vorschein kommen lassen.

Ich höre schon Ihre Frage: „Und was hat meine Handschrift mit alle dem zu tun?“ Ich dachte schon, Sie würden nie fragen.

HANDSCHRIFT

Unsere Handschrift ist weit mehr als nur ein Aneinanderreihen von Wörtern, um damit zu kommunizieren. Sie zeigt unsere Einstellung zum Leben. Sie ist ein Weg, der ähnlich einem Labyrinth zu lang vergessenen, geheimen Orten in unserem Innersten führt – ein Abbild unseres Unterbewusstseins. Um es einfach auszudrücken: Unsere Schreibmuster sind klare Hinweise auf das, was wir für uns selbst empfinden. An ihnen lässt sich der Grund unseres Selbstbewusstseins, unseres Selbstwertgefühls und unserer Eigenverantwortung ablesen; sie zeigen sowohl unsere Ängste als auch unsere einzigartigen Fähigkeiten. Unser Selbstbild ist die Linse, durch die wir das Leben betrachten, und Schreibmuster spiegeln die exakte Zusammensetzung dieser individuellen Linse.

Auch wenn der Stift von der Hand – oder den Zähnen oder den Zehen gehalten wird, so ist es doch das Gehirn, das die Hand bewegt. Wenn wir schreiben, reflektiert jede Bewegung mit dem Stift nicht nur unsere Glaubenssätze über uns selbst, sondern verstärkt sie zusätzlich. Jedes Mal, wenn wir mit einem Stift einen Buchstaben auf dem Papier formen, Buchstaben miteinander verbinden oder einen Rand lassen, erklären wir damit: „Das bin ich." Je öfter wir auf eine bestimmte Art schreiben, desto tiefer verankert sich die damit verbundene Einstellung auch in unserer Psyche.

Jeder hat schon einmal Handschriften gesehen, die ihn erstaunt oder zum Lachen gebracht oder irgendein unbestimmtes Gefühl hervorgerufen haben. Das gilt insbesondere für Unterschriften. Vielleicht haben Sie auch irgendwann einmal jemandem die Handschrift eines Unbekannten gezeigt und gemeint: „Schau dir das mal an!" Man muss kein Experte in der Handschriftenanalyse sein, um Einblicke in die Persönlichkeit anderer durch deren Handschrift zu bekommen. Im Wesentlichen ist die Handschrift eine grafische Darstellung unserer Sicht des Lebens. Sie verkörpert, was wir für uns selbst empfinden und wie dieses Gefühl unsere Einstellung anderen gegenüber beeinflusst.

GRAFOLOGIE

Grafologie, auch Handschriftenanalyse genannt, ist die Wissenschaft, die Schreibmuster mit Persönlichkeitsmerkmalen verbindet. Professionelle Grafologen sind darin ausgebildet, Schreibmuster und ihre

Verbindung zur Persönlichkeit zu interpretieren. Aufgrund ihres Fachwissens können sie eine Liste mit Persönlichkeitsmerkmalen, basierend auf einer gründlichen Analyse einer Schreibprobe, erstellen.

GRAFOTHERAPIE

In der Grafotherapie lernt der Schreiber, selbstsabotierende Eigenschaften seiner Persönlichkeit zu verändern, indem er bestimmte Schreibweisen seiner Handschrift verändert. Grafotherapeuten sind sowohl in Grafologie als auch in Psychotherapie ausgebildet. Ihre Kompetenz besteht darin, den Klienten bei der Veränderung von Schreibmustern zu begleiten, um negative Gedankenmuster zu beseitigen und durch positive und unterstützende Gedanken zu ersetzen. Wenn wir unsere Schreibmuster ändern, formen wir gleichzeitig neue Nervenbahnen im Gehirn, die unser Selbstbild aufzeichnen.

SCHRIFTSYSTEME

Handschriften und Schreibmuster haben mich schon fasziniert, bevor ich überhaupt lesen konnte. Soweit ich mich zurückerinnern kann, waren die Buchstaben des Alphabets stets eine ganz besondere Quelle der Faszination für mich. Bereits als Jugendliche begann ich, mich mit der Interpretation von Handschriften zu befassen, und führte letztendlich meine eigene empirische Untersuchung durch, denn ich erkannte, dass die meisten Bücher über Grafologie entweder veraltet waren oder sich inhaltlich widersprachen. Durch meine eigenen Untersuchungen entdeckte ich, dass die Wahrheit nicht auf Glauben, sondern allein auf Erfahrungen basiert.

Bilder von uralten Höhlenzeichnungen, Papyrusrollen und mysteriöse Alphabete wie das der ugaritischen Schrift, die akkadische Keilschrift sowie die Linearschrift A und B steigerten mein Interesse an

Handschriften. Als ich die Schreibsysteme und phonetischen Alphabete aus aller Welt weiter untersuchte, begannen die kulturübergreifenden Muster mich zu faszinieren. Ich fand heraus, dass nicht nur die hebräische oder griechische Kabbala oder das Runenalphabet der Germanen jedem Buchstaben des Alphabets eine besondere Bedeutung verleiht, sondern dass zahllose Völker rund um den Globus dasselbe taten – und das lateinische Alphabet war da keine Ausnahme.

Und dann ist da noch Sanskrit. Je mehr ich mich mit dieser unglaublichen Sprache, der Grundlage aller indoeuropäischen Sprachen, befasste, desto mehr zog mich das uralte Alphabet, *Devanagari* genannt, in seinen Bann. Sanskrit selbst, auch bekannt unter dem Namen *Devavani* oder „Sprache der Götter", ist nicht nur ein tiefer Quell spirituellen Wissens, sondern sie ist auch mathematisch und klanglich präzise.

Doch vorerst bleibt das lateinische Alphabet mein Maßstab, da es eine unglaublich reichhaltige kulturelle Anpassung zahlreicher Überlieferungen zum Ausdruck bringt. Und zudem bin ich leidenschaftlich in meine Muttersprache verliebt.

DAS VIMALA-ALPHABET

In meinem ersten Jahr am College nahm ich am dort vorgeschriebenen Logikkurs teil, prägte mir alle Syllogismen von Aristoteles ein und entwickelte eine persönliche Vision – basierend auf den Schlussfolgerungen meines von mir entworfenen Syllogismus. Sie lautet folgendermaßen:

Da jeder Federstrich mit dem Stift ein Denkmuster bekräftigt und jedes Denkmuster unser Selbstbild formt und das Selbstbild die Linse ist, durch die wir das Leben betrachten, und diese Linse folglich unser Verhalten bestimmt wenn ein Alphabet entwickelt würde, das nur die erstrebenswertesten, menschlichen Eigenschaften aufwiese, wäre Weltfrieden möglich.

Ach, die Visionen eines Teenagers! Zu diesem Zeitpunkt hatte ich weder eine Ahnung, was für ein Forschungs- oder Zeitaufwand für solch ein Projekt notwendig sein würde, noch konnte ich mir vorstellen, wie viel Freude ich dabei haben würde.

Es brauchte gut 30 Jahre der Forschung, Entwicklung und ständigen Verbesserungen, bis ich mein Ziel erreicht hatte. Das Resultat ist das Vimala-Alphabet. Es ist die einzige Schrift, die Schreiben nicht nur als Kommunikationsmittel, sondern auch als Instrument der Persönlichkeitsentwicklung verwendet, da die Form eines jeden Buchstabens die erstrebenswertesten Eigenschaften des Schreibers bekräftigt. Nur durch das Bewegen des Stiftes über das Papier bekräftigt der Schreiber auf seiner unterbewussten Ebene die Aspekte, für die jeder Buchstabe steht.

Jeder Schriftzug des Vimala-Alphabets unterstützt das Kind Gottes, das in jedem von uns lebt; das Kind, das eine ordentliche Portion Selbstwertgefühl, jede Menge Selbstvertrauen, eine ausgeprägte Neugierde, positive Zukunftsperspektiven, unerschrockene Kreativität, die Weisheit der Unschuld, endlose Toleranz und klare Kommunikationsfähigkeiten besitzt.

Wenn Kinder diese Schrift verwenden, entwickeln sie viele auf Werten basierende Denkmuster. Wenn Erwachsene diese Buchstaben schreiben, entdecken sie lang verborgene Eigenschaften und entwickeln das Selbstbewusstsein, diese Schritt für Schritt auszudrücken. Auf der nächsten Seite sehen Sie, wie dieses Alphabet aussieht.

Das Vimala-Alphabet

Aa Oo Dd Gg Qq Pp
Yy Uu Ww Vv
Mm Nn Hh
Ll Eεe Ii Jj
Ff Rrr Ss
TT Kk Bb
Cc Xx
Zz

1 2 3 4 5 6 7 8 9 0
[ ] " ' ? * ! ¡ @ # $ % & ( )
+ = - £ ¢ ¶ • – — ∴ ∵
sh s̄ c̄ Th th st sch

In Teil Zwei des Buches erfahren Sie, was es mit dieser besonderen Reihenfolge der Buchstaben auf sich hat.

Bitte beachten: Dieses ist ein amerikanisches Alphabet, deshalb werden z. B. die Buchstaben *ß, ä, ö* und *ü* hier nicht erwähnt.

Kapitel 2
FRAGEN & ANTWORTEN

Jetzt, da Sie die Buchstaben des Alphabets gesehen haben, möchte ich die Fragen beantworten, die mir am häufigsten gestellt werden.

F: Wenn ich das *Vimala-Alphabet* verwende, werde ich dann nicht genauso wie Vimala?

A: Auf keinen Fall! Sie werden sogar wieder mehr Sie selbst sein. Das *Vimala-Alphabet* ist eine Vorlage, ein Leitfaden.

Wenn Sie eine Primaballerina werden möchten, müssen Sie zuerst Unterrichtsstunden nehmen. Sie müssen die korrekte Art und Weise lernen, Ihre Füße zu positionieren, Ihre Hände zu halten, Ihren Körper in Positur zu stellen und Ihren Kopf zu neigen – alles ganz genau, ohne Schummelei. Sie müssen in der Lage sein, sich mit Präzision und Anmut zu bewegen und zu stehen.

Wenn Sie dann noch gelernt haben, all diese schwierigen Bewegungen so zu synchronisieren, dass sie scheinbar mühelos ineinanderfließen, kommt Ihr eigener Stil im Tanz zum Ausdruck. Keine zwei Primaballerinen tanzen exakt gleich; keine Tänzerin springt, hält oder positioniert sich auf dieselbe Art und Weise wie eine andere. Die persönliche Note kommt aber erst nach Jahren der Übung, Übung, noch mehr Übung, Engagement und harter Arbeit.

Eine Sie in Ihrer Persönlichkeit unterstützende Handschrift zu lernen, hat dieselben Voraussetzungen, bringt Ihnen aber auch atemberaubende Ergebnisse. Zum Glück benötigen Sie aber eher Monate statt Jahre, um die neue Schrift Teil Ihrer Psyche werden zu lassen und sie ganz selbstverständlich zu verwenden.

F: Wie wird meine Handschrift am Ende aussehen?

A: Durch das Üben des Vimala-Alphabets bekommen Sie eine entspannte, sanfte Handschrift, die einfach, klar und leicht zu lesen ist und Ihre einzigartige Persönlichkeit widerspiegelt. Nur Sie wissen, wer das ist. Nehmen Sie einen Stift zur Hand und finden Sie es heraus!

F: Warum haben Sie eine digitale Schrift designt, wenn Sie doch so viel Wert auf Schreiben mit der Hand legen?

A: Ich habe das Vimala-Alphabet aus drei Gründen in eine Computerschrift digitalisieren lassen:

1. Ich bin ein Realist. Ich weiß, dass viele Menschen keinen Stift in die Hand nehmen werden. Mit der einfachen digitalen Schrift *sehen* diese Menschen zumindest, wie eine unterstützende Handschrift aussieht. Wer weiß? Vielleicht nehmen sie eines Tages – wenn keiner zuschaut – ja doch einen Stift in die Hand und versuchen es. Man kann nie wissen. Ich vertraue voll und ganz auf die Neugierde im Menschen.
2. Für all diejenigen, die schreiben möchten, aber in ihrem Versuch, traditionelle Schreibsysteme zu erlernen, gescheitert sind, ist das Vimala-Alphabet eine große Hilfe . Mit der digitalen Schrift können sich Menschen jeglichen Alters sofort einen Ausdruck des Alphabets zulegen. So können sie in der Privatsphäre ihres Zuhauses, bei der Arbeit oder wann immer ihnen danach ist, üben.
3. Die digitale Vimala-Alphabet Schrift ist mein Geschenk an alle Lehrer – von der Grundschule bis zum Gymnasium. Die häufigste Beschwerde von Lehrern, die ich zu hören bekomme, ist: „Meine Schüler schreiben so unleserlich, die Hälfte der Zeit kann ich nicht mal ihre Namen lesen. Und ihre Hausaufgaben? Hoffnungslos!“ Das Vimala-Alphabet ist ein Schreibsystem, das ganz natürlich aus den Fingerspitzen fließt, selbst

bei denen, die zuvor nie schreiben gelernt haben oder die vom „Schönschreiben" in der Schule eingeschüchtert wurden. In anderen Worten: Es ist einfach und natürlich zu schreiben.

Lehrer können die Computerschrift verwenden, um ihre selbst gestalteten Arbeitsblätter für ihr persönliches Unterrichtsmaterial auszudrucken.

F: Warum ändern wir im Laufe unseres Erwachsenwerdens unsere Handschrift?

A: Oft höre ich Dinge wie: „Als ich 16 war, beschloss ich, meine S und L genauso zu schreiben wie meine beste Freundin Margaret. Es dauerte eine Weile, aber dann wurde es einfach." Meine erste Frage wäre: „Warum das S und L? Ich frage mich, warum Sie sich nicht für das P oder R entschieden haben? Oder das A oder G?" Die Antwort ist einfach: Die Eigenschaften, die in den Buchstaben S und L reflektiert werden, waren die Persönlichkeitsmerkmale, die sich veränderten. Sie haben diese beide Buchstaben ganz selbstverständlich ausgesucht – wenn man es denn wirklich aussuchen nennen kann –, weil sich Ihr Selbstbild verändert hat. Der Verstand hat für Sie ausgewählt und der Stift ist gefolgt. Wenn wir unsere Einstellung zu uns selbst ändern, ändert sich unsere Handschrift automatisch.

F: Aber ich verwende lieber Druckschrift. Es geht schneller und außerdem schreibe ich seit Jahren so. Was für einen Vorteil hätte ich, wenn ich jetzt anfinge, in Schreibschrift zu schreiben?

A: Zur Druckschrift zu wechseln ist ein gutes Beispiel für eine drastische Veränderung der Handschrift. Die häufigste Erklärung dafür, die ich zu hören bekomme, ist: „Weil keiner meine Schrift lesen kann." Diese Veränderung geschieht häufig bei Jungen im Alter zwischen elf und 14 Jahren, wenn die körperliche Reife einsetzt, die Hormone verrücktspielen und die Unsicherheit überhandnehmen. Es entsteht ein natürliches Bedürfnis nach Verteidigung und Selbstschutz. Die Druckschrift dient genau diesem Zweck, denn sie schirmt die Verletzlichkeit des Schreibers ab. Sie verleiht dem Schreiber eine Schutzschicht. Wenn Sie in Druckschrift schreiben, denn lesen Sie den Abschnitt über das Schreiben in Druckschrift wieder und wieder. Es kann Ihr Leben wahrlich verändern.

F: Ich bin 37 Jahre alt. Als ich ungefähr elf war, begann ich, meine Handschrift richtig zu verschönern; sie blieb so für einige Jahre und änderte sich dann schrittweise. Warum?

A: Mädchen im Teenageralter experimentieren oft mit neuen und verschnörkelten Unterschriften. Sie ersetzten den I-Punkt durch Kreise, Herzen oder Sternen und ihre Schrift tendiert dazu, eher rund und überwiegend in der *Mittellänge* zu sein. Das alles sind Spiegelungen ihrer Schritte des Erwachsenwerdens; ein wichtiger Teil, um die sich herausbildende Identität zu formen. Im Laufe unserer Pubertät entwickelt sich ein erwachseneres Schriftbild, weil unseren Einstellungen reifer und erfahrener werden.

F: Abgesehen vom Aussehen, warum sollte ich meine Handschrift ändern?

A: Schreibmuster spiegeln Denkmuster wider. Indem Sie Änderungen in Ihrer Handschrift bewusst und absichtlich vornehmen, werden Sie bestimmte Striche, die Ihre eigenen negativen Beurteilungen anzeigen, weglassen und durch solche ersetzen, die es Ihnen ermöglichen, sich frei in Ihrem Leben zu bewegen und Zugang zu Ihrem eigenen und einzigartigen Lebenssinn zu schaffen. Wenn wir uns erst einmal auf unserem eigenen Weg befinden, steht nichts mehr zwischen uns und einem erfüllten und glücklichen Leben.

F: Woher wissen Sie das?

A: Ich habe Tausende von Menschen dabei unterstützt, ihre Handschrift zu ändern. Alle, die diese Änderungen angenommen und beharrlich geübt haben, ohne sich dabei von irgendetwas abhalten zu lassen, konnten verborgene Fähigkeiten in sich entdecken – weit mehr, als sie sich jemals hätten vorstellen können.

Sie begannen, ihre Ansichten darüber, wer sie sind, was sie erreichen können und was möglich ist, neu zu formen. Sie haben beispielsweise ihren frustrierenden Job gekündigt und sich ein neues Betätigungsfeld gesucht. Eines, das für sie erfüllend ist und zugleich zum Wohle anderer beiträgt.

Sie arbeiten vielleicht härter als zuvor in ihrem Leben, aber nicht ein Einziger bezeichnet es als „Arbeit". Was sie jetzt tun, macht sie glücklich, erfüllt sie und sie würden mit niemandem in der Welt tauschen wollen. *Sie sind lebendig!* Ich bekomme immer wieder zu hören: „Zum ersten Mal in meinem Leben weiß ich, dass ich das tue, was ich tun soll. Was für eine Freiheit!"

Bei all den Menschen, mit denen ich gearbeitet habe, habe ich keinen Einzigen angetroffen, der Angst vor dem Versagen hatte. Keinen Einzigen. Aber ich habe Tausende getroffen, die panische Angst vor dem Erfolg hatten. Tausende. Die meisten von uns stellen ihr Licht unter den Scheffel und beschweren sich dann, dass das Licht nicht durchscheint. Wenn Sie sich darin wiedererkennen und Sie wissen, dass Sie aus einem bestimmten Grund hier auf Erden sind, aber es nicht recht in Worte fassen können, dann biete ich Ihnen mit diesem Buch einen Weg zur Selbstfindung und Erfüllung an. Es zu lesen kann lehrreich und aufregend sein; es aber anzuwenden, kann Ihr Leben verändern.

ANTWORTEN AUF HÄUFIG GESTELLTE FRAGEN ZUM ÄNDERN DER HANDSCHRIFT

F: Was stimmt nicht mit der Art, wie ich schreiben gelernt habe?

A: In den USA beispielsweise haben die meisten nach dem Palmer-System schreiben gelernt. So wie jedes Alphabet reflektiert es die Werte seiner Zeit;. es wurde 1895 geschaffen. Wenn Ihre Weltanschauung nicht mit der des traditionellen Amerikas des 19. Jahrhunderts übereinstimmt, können Sie schlicht und ergreifend damit keine Handschrift imitieren, die diese wiedergibt.

Jemand, der Traditionen liebt, vielleicht Antiquitäten sammelt, stickt oder häkelt, sich in die Ahnenforschung vertieft oder andere Dinge liebt, die zur Jahrhundertwende gebräuchlich waren, neigt ganz natürlich dazu, in einer traditionellen Schrift zu schreiben. Ihre Handschrift ist ein unverzerrter Spiegel, der zeigt, wie Sie sich selbst und die Welt sehen. Es ist weder richtig noch falsch. Es ist lediglich Ihre Sicht der Dinge.

Wenn Sie Schwierigkeiten mit der Schönschrift hatten, weil Sie, egal wie sehr Sie es versucht haben, einfach nicht so schreiben konnten, wie es Ihnen beigebracht wurde, dann muss das nicht an unzulänglichen motorischen Fähigkeiten oder einem niedrigen IQ liegen. Es kann auch schlicht sein, dass Ihr Verstand rund ist und sich geweigert hat, in ein viereckiges Loch zu passen.

F: Was, wenn ich meine Schrift verändere, aber nicht daran glaube, dass es wirklich einen Unterschied machen wird?

A: Der Glaube hat nichts mit dem Ändern von Denkmustern durch eine Veränderung der Handschrift zu tun. Wir schreiben so, wie wir schreiben, weil wir denken, wie wir denken. Unsere Denkmuster spiegeln sich in den neurologischen Mustern unseres Gehirns wider. Wenn wir unsere Schrift verändern, ändern wir auch gleichzeitig die Art und Weise, wie wir denken, und die Nervenbahnen ändern sich entsprechend. Wenn Sie bestimmte Änderungen in Ihrer Handschrift vornehmen, ohne zu wissen, welche Auswirkungen dies haben könnte, so wäre das Ergebnis immer noch dasselbe, als wenn Sie es gewusst hätten. Es funktioniert automatisch.

F: Was ist, wenn ich meine momentane Handschrift mag und sie nicht ändern möchte?

A: Wenn Sie mit Ihrer Handschrift zufrieden sind, dann muss sich Ihr Leben genau so, wie Sie es möchten, entfalten. Wenn Sie Ihre Handschrift beibehalten, so wie sie ist, werden sich auch Ihre Ansichten über das Leben nicht ändern. Wenn das für Sie in Ordnung ist, dann behalten Sie Ihre Handschrift bei.

VIMALAS FÜNF EDLE WAHRHEITEN*

Ich möchte unsere gemeinsame Reise mit den folgenden ausgesprochen wichtigen Punkten einleiten, die ich die Fünf Edlen Wahrheiten nenne. Ich bitte Sie darum, immer und immer wieder darauf zurückzukommen, wenn Sie mit diesem Buch arbeiten. Sie werden Ihnen dabei helfen, Urteile über sich und andere loszulassen und sowohl Erstaunen als auch Freude im Laufe Ihres Selbstfindungsprozesses zu erfahren. Keine Reise ist so spannend und aufregend wie die Reise zu sich selbst.

1. Es gibt weder gute noch schlechte Menschen; jeder von uns ist ein Kind Gottes; einige von uns verbergen dies nur besser als andere. Es gibt keine gute oder schlechte Handschrift; wenn Sie Ihre Handschrift für „grauenvoll“ halten, lächeln Sie – und bezeichnen Sie sie als „lässig“.

* *Change Your Handwriting, Change Your Life* by Vimala Rodgers. Berkeley, CA: Celestial Arts, 1993.

2. Die Häufigkeit, mit der ein Schreibmuster in Ihrem Schriftbild auftritt, entspricht der Häufigkeit, mit der die Eigenschaft, für die es steht, sich in Ihrem Leben zeigt.
3. Wenn Sie sich die Handschrift einer anderen Person ansehen, zu der Sie in einer Beziehung stehen, sind sowohl Ihre Handschrift als auch die der anderen Person notwendig, wenn Sie herausfinden möchten, wo die Quelle von Verstimmungen und Problemen liegt und was sie auslöst. Denken Sie dabei immer an die Edle Wahrheit Nummer eins.
4. Der Schwierigkeitsgrad beim Ändern eines Schriftzuges ist proportional zum Nutzen, den er in Ihrem Leben haben wird: Je größer die Schwierigkeit, desto größer der Nutzen.
5. In dem Moment, in dem Sie mit Ihrem Stift erklären, dass Sie jetzt bereit dazu sind, ein Thema in Ihrem Leben abzuschließen (einzelne negative Meinungen und Urteile loszulassen), wird Ihnen besagte Thematik umgehend und eindeutig in Form einer Person, Situation oder Beziehung entgegentreten.

Diese Wahrheiten sind immer gültig.

Kapitel 3
WICHTIGE BESTANDTEILE DER HANDSCHRIFT

Da wir uns auf eine Reise begeben, werden wir jetzt eine Landkarte zeichnen und Sie sind der Kartograf. Bevor Sie weiterlesen, suchen Sie sich ein *unliniertes* DIN-A4-Blatt, eine feste Unterlage zum Schreiben (z. B. eine Tischplatte) und einen Kugelschreiber. Verwenden Sie einen Kugelschreiber, da er Ihnen mehr Aufschlüsse über Ihre Handschrift gibt als jedes andere Schreibgerät. Ganz wichtig: Verwenden Sie für den Zweck dieser Übung keinen Bleistift, Filzstift oder Tintenroller! Warum, werde ich in Kürze erklären.

Schreiben Sie jetzt die Seite voll und verwenden Sie dabei Ihre eigenen Worte. Zitieren Sie niemanden und schreiben Sie auch nichts aus einer Broschüre oder Zeitung ab. Schreiben Sie über etwas, das Sie bewegt – positiv oder negativ: Tierrechte, Waffengesetze, die Umwelt, Parken in der Innenstadt.

Wählen Sie ein Thema, über das Sie schnell und flüssig schreiben können. Vergewissern Sie sich, dass weder auf der Vorder- noch auf der Rückseite des Blattes Linien sind. Schreiben Sie einfach ungezwungen und zügig drauf los. Niemand außer Ihnen wird das lesen; machen Sie sich also keine Gedanken um Rechtschreibung, Zeichensetzung oder Tiefgründigkeit des Inhalts. Wenn Sie die gesamte Seite beschrieben haben, unterschreiben Sie sie mit Ihrem Namen. Besorgen Sie sich jetzt ein weiteres leeres, unliniertes Blatt Papier und legen Sie es neben das soeben beschriebene.

ACHTUNG!

Bevor wir weitermachen, möchte ich Sie auf zwei äußerst wichtige Punkte aufmerksam machen. Behalten Sie diese beim Analysieren Ihrer Schreibmuster im Hinterkopf, da Sie sich sonst vorschnell und vor allem unbegründet richten und beurteilen:

1. Nahezu alle Schreibmuster haben eine negative und eine positive Auswirkung. Einmal ist eine Schlaufe, ein Bogen oder ein Winkel etwas Positives, ein anderes Mal hat dieselbe Schlaufe, derselbe Bogen oder Winkel eine negative Konnotation. Dies trifft auf 95 % aller Schriftzüge zu.
2. Da all unsere handschriftlichen Merkmale eng miteinander verbunden sind, ähnlich wie Zellen in einem Körper, muss jedes einzelne in Betracht gezogen werden, um die gesamte Persönlichkeit beschreiben zu können. Ein einzelnes handschriftliches Merkmal zeigt nicht die gesamte Persönlichkeit, sondern eben nur einen Teil davon.

Wenn ich zu einer großen Gruppe spreche, bringe ich immer einen Beutel mit einem 10.000-Teile-Puzzle mit. Ich lasse den Beutel mit folgender Bitte herumgehen: „Nehmen Sie bitte, ohne zu schauen, ein – nur ein – Teil dieses Puzzles heraus und legen Sie es mit dem Bild nach unten in Ihre Hand. Schauen Sie sich die bunte Seite nicht an, bis jeder ein Teil hat. „Nun drehen Sie Ihr Puzzlestück um und schauen es sich zehn Sekunden lang an. Betrachten Sie nur Ihres, nicht das Ihrer Nachbarn. Prägen Sie es sich gut ein und dann schauen Sie zu mir. Wenn mir jemand von Ihnen anhand des Puzzlestücks, das Sie in der Hand halten, das gesamte Puzzle beschreiben kann, gehört das hier Ihnen." In diesem Moment halte ich einen frisch gedruckten 100-Dollar-Schein hoch. In all den Jahren, in denen ich Vorträge gehalten habe, habe ich den Geldschein kein einziges Mal aus der Hand gegeben.

Ich bitte Sie, sich dieses Bild vor Augen zu halten, wenn Sie damit beginnen, die Landkarte für Ihre Zukunft zu zeichnen. Stellen Sie sich Ihre Persönlichkeit als ein riesiges Puzzle vor. Jedes einzelne Teil ist wichtig, um das Bild zu vervollständigen – aber es ist und bleibt dennoch nur ein Teil des Ganzen.

ERSTELLEN DER LANDKARTE

Das Blatt Papier, auf dem wir schreiben, ist wie eine leere Leinwand, die uns zeigt, wie wir unser Leben leben. So, wie wir das Papier ausfüllen, so füllen wir unser Leben aus.

Betrachten Sie das gerade beschriebene Blatt und schreiben Sie auf das leere Blatt Papier die Antworten auf die folgenden Fragen:

1. Bevorzugen Sie liniertes oder unliniertes Papier?
2. In welches Format *drehen* Sie das Blatt Papier? Querformat oder Hochformat ?
3. Beschreiben Sie die gesamte Seite oder lassen Sie an den Rändern Platz? An welchen Rändern?: rechts, links, oben oder unten? Wie viel Platz?
4. Verlaufen Ihre geschriebenen Zeilen auf dem gesamten Blatt gerade oder neigen sie dazu, aufwärtszusteigen oder abwärtszufallen? Hin und wieder oder immer?
5. Wie schaut es mit der *Grundlinie* aus? Ist sie verhältnismäßig gerade oder schwankt sie auf und ab wie eine Welle?
6. Wie eng stehen Ihre Wörter im Durchschnitt nebeneinander? Berühren sie sich beinahe, ist etwas Platz dazwischen oder stehen sie zum Beispiel weit auseinander? Ändert sich der Abstand?
7. Beenden Sie irgendeinen Strich nach links? Streichen Sie zum Beispiel das kleine t von rechts nach links durch?
8. Beenden Sie irgendein Wort mit einem *Aufschwung*? Wenn ja, wie oft?

9. Wie *groß* ist Ihre Handschrift? Durchschnittlich oder kleiner oder größer als der Durchschnitt?
10. Verbinden Sie alle Buchstaben in einem Wort miteinander oder befindet sich ein Leerraum zwischen den einzelnen Buchstaben? Wie oft kommt das vor? (Wenn Sie in Druckschrift schreiben, notieren Sie einfach: „Ich verwende Druckschrift.")
11. Wie viel Druck üben Sie auf den Stift aus? Können Sie das Geschriebene auf der anderen Seite des Blattes spüren (starker Druck)? Ist Ihre Handschrift mittelmäßig ohne Durchdruck (mittlerer Druck)? Oder ist sie ganz schwach auf der Seite zu sehen (leichter Druck)?
12. Welches Schreibgerät bevorzugen Sie? Stift? Wenn ja, welchen? Tintenroller? Filzstift? Füller? Kugelschreiber? Oder fühlen Sie sich am wohlsten, wenn Sie einen Bleistift verwenden? Wenn ja, wie oft verwenden Sie ihn?
13. Wie sieht es mit der *Neigung* Ihrer Schrift aus? Neigt sie sich nach hinten (nach links), vorwärts (nach rechts) oder ist sie oben wie unten relativ gerade? Ändert sich die Richtung Ihrer Schriftneigung häufig?
14. Sind Ihre Schreiblängen relativ ausgeglichen? In anderen Worten: Schreiben Sie mit hohen Strichen nach oben, mit langen Strichen nach unten und durchschnittlich groß in der Mittellänge? Wenn nicht, welche Länge dominiert?
15. Haben Sie viele *Schlaufen* in Ihrer Schrift? Wo kommen diese am häufigsten vor: in der Ober-, Mittel, und Unterlänge? Wenn Sie nur wenige oder keine Schlaufen verwenden, schreiben Sie „keine".
16. Treten häufiger *Winkel* oder *Bögen* in Ihrer Handschrift auf? Oder kommen beide gleich oft vor?
17. Neigen Sie eher zur Druck- als zur Schreibschrift? Wenn ja, verwenden Sie eine Mischung aus Groß- und Kleinbuchstaben? Oder nur Großbuchstaben? Oder nur Kleinbuchstaben?

18. Eine Ligatur ist eine Verbindung zweier Buchstaben, bei der der zweite Buchstabe aus einem Teil des Ersten geschrieben wird. Das *th* ist eine Ligatur, nach der Sie in Ihrer Handschrift suchen sollten. Dieser Schriftzug ist der Schlüssel zu Flexibilität und Aufgeschlossenheit. Wie viele finden Sie?
19. Beschreiben Sie Ihre Unterschrift. Ist sie klar und einfach zu lesen? Kreisen Sie sie ein oder streichen Sie sie durch? Ist ein Name leichter zu lesen als der andere? Welcher? Ähnelt Ihre Unterschrift Ihrer Handschrift? Schauen Sie sich genau an, wie Sie Ihren Namen schreiben. Fühlt es sich an wie Sie?
20. Beschreiben Sie den Gesamteindruck, den Sie von Ihrer Handschrift auf der Seite haben.

GEBEN SIE IHRER LANDKARTE IHRE PERSÖNLICHE NOTE

Die Schriftelemente, die im vorhergehenden Abschnitt besprochen wurden, sind nicht die einzigen; es gibt Abertausende. Aber für unseren Zweck sind das die Hauptbestandteile, die Ihnen dabei helfen werden, Ihre eigene Landkarte zu erstellen, indem sie Straßensperren durch weitläufige Pfade ersetzen.

Denken Sie stets daran, dass es keine gute oder schlechte Handschrift gibt und auch keine richtigen oder falschen Antworten. Erinnern Sie sich an die Edle Wahrheit Nummer eins: Weder bei der Handschrift noch bei Menschen gibt es so etwas wie gut, schlecht, richtig oder falsch.

Wir Menschen sind so gestrickt, dass wir uns selbst als richtig oder falsch, gut oder schlecht sehen. Ich möchte Sie bitten, sich beim Erforschen Ihrer Schreibmuster und Ihrer Persönlichkeit auf eine neutrale Ebene zu begeben.

Der Zweck unserer gemeinsamen Reise ist, alle selbstsabotierenden Eigenschaften abzulegen, die Sie davon abhalten, Ihr wahres Selbst, das unter all dem liegt, zu sehen. Sie haben sich diese Einstellungen angeeignet und jetzt haben Sie die Möglichkeit, sie – eine nach der anderen – behutsam zu beseitigen.

Betrachten Sie meinen Beobachtungen als Wegweiser, nicht als eherne Säulen. Seien Sie sanft zu sich selbst, schätzen Sie, wer Sie sind, und zeichnen Sie Ihre Karte mit Liebe. Machen Sie sich startbereit für die Reise Ihres Lebens!

WUNDERTAGEBUCH

Seine Schrift zu verändern benötigt Zeit und Engagement. Engagement hat eine magnetische Energie, die das anzieht, was es braucht, um zu wachsen. So wird etwas erschaffen, was für manche vielleicht unvorstellbar sein mag. Ich nenne diese Vorkommnisse Wunder – sie zeigen sich nach nur ein paar Tagen.

Solange Sie mit dem Buch arbeiten, bitte ich Sie nachdrücklich darum, ein „Wundertagebuch" zu führen. Und zwar aus diesen beiden Gründen: Wenn das Leben endlich nach unseren Vorstellungen läuft, vergessen wir schnell, „wie es einst war". Und ich möchte, dass Sie mit eigenen Augen sehen, dass es die Veränderung Ihrer Handschrift – und somit Ihrer Denkmuster – ist, die es diesen Wundern erlaubt, stattzufinden.

Auf der Basis Ihres verbindlichen Engagements werden Ihre täglichen Schreibübungen Großes in Ihrem Leben bewirken. Es ist so einfach, alles dem Schicksal oder anderen äußeren Umständen zuzuschreiben, und daher ist es mir wichtig, dass Sie ganz klar und ohne jeglichen Zweifel erkennen, dass Sie diese Änderungen hervorgerufen haben.

Bei Menschen mit einem Wunsch, einem Ziel und viel Engagement sind Wunder das ganz natürliche Ergebnis ihrer täglichen Übung. Ich weiß schon gar nicht mehr, wie viele meiner Klienten, die jeden einzelnen Tag geschrieben haben – Menschen, die ein neues Bewusstsein für ihre Handschrift mit jeder Bewegung des Stifts entwickelt haben, die jede Aufgabe, die ich ihnen gegeben habe, erledigt haben und die lebensveränderte Durchbrüche erlebt haben –, anschließend gesagt haben: „Aber Vimala, diese Dinge wären vielleicht sowieso passiert. Woher willst du wissen, dass die Handschrift irgendetwas damit zu tun hatte?"

Vor Jahren konnte ich einfach nicht glauben, dass sie auch nur den leisesten Zweifel daran hatten. Meine Antwort war: „Sie machen wohl Witze! So hart, wie Sie daran gearbeitet haben? Die Änderungen in Ihrem Leben, die Sie erfahren haben, haben *alles* mit dem Ändern Ihrer Handschrift zu tun."

Inzwischen bin ich etwas weiser geworden und habe mich daran gewöhnt, diese Frage zu hören. Und so hat sich auch meine Antwort im Laufe der Jahre geändert. Jetzt sage ich einfach: „Wenn Sie herausfinden wollen, ob Ihre Handschrift den Unterschied in Ihrem Leben bewirkt hat, schreiben Sie doch wieder so, wie Sie es zuvor getan haben, und warten Sie ab, was passiert." Bis heute ist noch kein Einziger meiner Aufforderung gefolgt. Und die Wunder geschehen weiter.

1. LINIERTES ODER UNLINIERTES PAPIER

Beim Schreiben gestalten Sie Ihr Leben, so wie ein Künstler ein Gemälde malt. Würde ein Künstler auf eine linierte Leinwand malen? Der Gebrauch von Linien bekräftigt das Bedürfnis, den vorherrschenden Strukturen zu folgen, möglichst wenig Wellen zu schlagen, nicht über den Rand hinaus zu malen, niemandem auf die Füße treten und recht zu haben. Menschen, die unbedingt Linien brauchen, fühlen sich aus unterschiedlichen Gründen oft körperlich unwohl, wenn sie auf unliniertem Papier schreiben müssen. Es ist, als ob man ihnen ihre Sicherheit weggenommen hätte und ihr Verstand verzweifelt versuchte, sie wiederzufinden. Man kann sie fast schon schreien hören: „Wer hat meine Linien geklaut? Wo sind meine Linien? Gib mir meine Linien!“

Die Berufsgruppe, mit der ich am häufigsten arbeite, sind Ingenieure. Ihr logisch denkender Verstand ist mir eine wahre Freude. Aber oft sind sie gekränkt, wenn ich liniertes Papier verteile und sie bitte, während meiner Präsentation ihr kariertes Papier wegzulegen. Wenige Minuten, nachdem sie sich beruhigt haben, bitte ich sie dann, auch das linierte Papier beiseitezulegen, und gebe ihnen unliniertes Papier.

Ihre Augen wandern hin und her, die Körper werden angespannt und die Angst ist spürbar. Es ist nicht ungewöhnlich, dass sie Ausschau nach dem Ausgang halten. Sobald das Papier ausgeteilt ist, bitte ich sie um Folgendes: „Jetzt nehmen Sie bitte Ihren Stift zur Hand und schreiben Sie fünf oder sechs Zeilen über irgendetwas, das Ihnen gerade in den Sinn kommt.“ Ich übertreibe nicht, wenn ich sage, dass sich Schweißperlen auf der Stirn vieler Anwesender bilden.

An diesem Punkt sage ich zu ihnen: „Sehen Sie sich im Raum um und denken Sie daran: Ich spreche hier nur von einem Stift und einem Blatt unliniertem Papier. Man könnte meinen, ich hätte Sie gebeten, mit verbundenen Augen über ein Minenfeld zu laufen!“ In Bruchteilen einer Sekunde realisiert jeder, was hier vor sich geht, und wir alle brechen in Gelächter aus. Dann fangen sie zögerlich an zu schreiben, während sie dabei leise vor sich hin lachen und murmeln.

Viele, die über den Tellerrand ihrer linearen Welt hinausblicken und spüren, dass irgendwo tief in ihnen ein Traum schlummert, nehmen die Herausforderung des unlinierten Papiers ab diesem Moment an. Ich habe viele Dankesschreiben erhalten für die Ergebnisse, die schon diese eine Schreibänderung bewirkt hat.

Der Brief, der mir am meisten bedeutet, stammt von einem ruhigen Softwareingenieur aus Silicon Valley, der nach einem meiner

Vorträge begann, auf unliniertem Papier zu schreiben, und der gleichzeitig noch das Papier ins Querformat drehte (siehe Nummer 2. unten). Innerhalb von sieben Monaten kündigte er seine Position und gründete seine eigene Firma. Waren es nur diese Schreibänderungen, die ihn weitergebracht hatten? Ich werde es nie wissen und er auch nicht. Ich *weiß* aber, dass er nach wie vor seine Blätter „seitlich“ dreht, nie wieder auf liniertem Papier geschrieben hat und sein Managementteam dazu auffordert, es ihm gleichzutun.

Wenn Sie liniertes Papier unliniertem Papier eindeutig vorziehen und eine Idee haben, die jedoch keine konkrete Gestalt annehmen will, rate ich Ihnen, ganz bewusst regelmäßig unliniertes Papier für die nächsten zwei oder drei Wochen zu verwenden und zu sehen, was passiert.

Führen Sie immer einen Schreibblock mit sich und machen Sie sich Notizen. Bemerken Sie die Momente, in denen sich Ihr Denken lockert, Ihre Kreativität reibungsloser zu laufen scheint und Ideen scheinbar aus dem Nichts auftauchen. Alles das kann diese eine Schreibänderung bewirken. Wird es funktionieren? Finden Sie es selbst heraus!

2. RICHTUNG DES PAPIERS: HOCH- ODER QUERFORMAT

Hochformat

Von der Schule an sind wir es gewöhnt, auf liniertem Papier im Hochformat mit linkem Rand zu schreiben. Da diese Richtung gebräuchlich, traditionell und üblich ist, drehen viele Menschen, die es schwierig finden, ihr Leben nach ihren eigenen Vorstellungen zu führen, ihre Blätter genau in diese Position. Es ist vertraut. Es ist sicher. Es ist akzeptiert. Es ist für gewöhnlich liniert. Wenn nicht, dann hat es einen sicheren Rand ringsherum.

Wenn Sie eine eindeutige Vorliebe für das Hochformat haben, machen Sie sich vielleicht Sorgen darüber, was andere von Ihnen denken könnten, wenn Sie Ihr eigenes Ding durchziehen und etwas schaffen, das andere vielleicht als unerreichbaren Traum bezeichnen. Vielleicht bewegen Sie sich ja in eine neue Richtung, kehren aber wieder auf sicheren und vertrauten Boden zurück, wenn sich Ihnen Hindernisse in den Weg stellen. Das Schreiben auf Papier im Hochformat fördert diese eingeengte Denkweise. Es hindert Sie daran, Dinge in einem neuen Licht zu sehen.

Wenn Sie sich hier wiedererkennen, fangen Sie damit an, ein unliniertes Blatt beim Schreiben ins Querformat zu drehen, und zwar jedes Mal – und wenn es nur eine Einkaufsliste oder Notiz ist. Betrachten Sie es als Quantensprung, mit dem Sie die Richtung Ihres zukünftigen Lebens deutlich beeinflussen werden.

Querformat

Diejenigen, die ihr Blatt ganz natürlich ins Querformat drehen, sind für gewöhnlich die Idealisten, die Träumer, die unruhig werden, wenn sie das tun sollen, was alle anderen auch tun oder getan haben. Sie neigen dazu, für sich selbst zu denken, anstatt andere für sich denken zu lassen. Sie gehen Risiken ein, wo andere vielleicht zögern würden, und sind oftmals die Pioniere auf einem bestimmten Gebiet. Sie sind die Vorreiter.

Ich bitte Sie allerdings bei einer einzigen Ausnahme, im üblichen Hochformat zu schreiben, und zwar wenn Sie Ihre Buchhaltung per Hand und nicht mit dem Computer machen. Ein zu kreatives Denken kann zu Problemen führen, wenn Sie Ihre Zahlen bilanzieren müssen!

Wenn Sie aber anfangen möchten, „außerhalb der vorgegebenen Rahmen" zu denken, neue und innovative Wege entdecken möchten, Ihre Beziehungen, Ihren Job, Ihr Verhalten zu betrachten, und die Möglichkeit schaffen möchten, selbstsabotierende und häufig auftretende Muster umzuwandeln ... schreiben Sie im Querformat.

3. RÄNDER

Beim Schreiben werden die Freiräume entlang der Blattseiten als Rand bezeichnet. Davon gibt es vier: oben, unten, links und rechts. Jeder davon steht für etwas anderes. Wie Sie sie gestalten, gibt Ihnen Aufschluss über Ihre Denkvorgänge.

Oberer Rand

Wenn Sie sich Ihr Blatt Papier ansehen, wie sieht der obere Rand aus? Ist da relativ viel Platz zwischen der oberen Blattkante und Ihrem Textbeginn? Oder fängt Ihre Schrift ganz nah an der oberen Kante an?

Enger oberer Rand

Dieser Rand steht für Ihr Verhalten Autoritätspersonen gegenüber. Es gibt noch weitere Elemente der Handschrift, die dies anzeigen, aber der obere Rand ist das Hauptmerkmal. Je näher Sie an der oberen Kante des Papiers mit Ihrem Text beginnen, desto größer ist Ihr Widerstand, Anweisungen oder Verbesserungsvorschläge zu akzeptieren. Julius Cäsar, der zu seiner Zeit als *Diuus Iulius* oder der „gottgleiche Julius" bezeichnet wurde, schrieb bis dicht an der oberen Kante einer Schriftrolle oder einer Tafel, ohne den geringsten Platz zu lassen. Ein guter *oberer Rand* auf einem DIN-A4-Blatt sind ca. 4 cm.

Wenn Sie mit Ihrem Text stets am oberen Ende des Blattes beginnen, sind Sie vielleicht jemand, der schnell etwas als Befehl statt als Bitte versteht. Vielleicht neigen Sie dazu, schnell nachtragend oder gereizt zu sein. Sie haben vielleicht das Gefühl, dass andere Menschen nicht wissen, wovon sie sprechen. Sie fühlen sich anderen Menschen, Regeln und Vorschriften überlegen. Ihre privaten Beziehungen sind oft von Auseinandersetzung statt von Leichtigkeit und Freude geprägt.

Genau wie bei einem Puzzle braucht es mehr als nur ein Schriftmerkmal, um die gesamte Persönlichkeit zu bestimmen. Ich bitte Sie lediglich darum, zu schauen, ob Sie so schreiben, und dann festzustellen, ob Ihnen eine oder mehrere dieser Verhaltensweisen zu schaffen machen. Wenn dies der Fall ist, lassen Sie ab jetzt langsam mehr Platz zur oberen Kante und beobachten Sie, welche Gefühle dies bei Ihnen auslöst. Erinnern Sie sich an die Edle Wahrheit Nummer vier: Der Schwierigkeitsgrad beim Ändern eines Schriftzuges ist direkt proportional zum Nutzen, den er in Ihrem Leben haben wird; je größer die Schwierigkeit, desto größer der Nutzen.

Wenn Sie mutig sind und sich entschlossen haben, diese Änderung anzunehmen, sagen Sie mindestens zwei Mal am Tag ebenso *ernsthaft:* „Ich mag ja falschliegen" und beobachten Sie, welche Auswirkung das auf Ihre Beziehungen mit anderen hat. Und vor allem: Schreiben Sie in Ihr Wundertagebuch – an jedem Tag und ohne Ausnahme. Sie werden vielleicht überrascht sein, was sich alles in Ihrem Leben schrittweise verändert, vor allem bezüglich Ihrer persönlichen Interaktionen.

Großer oberer Rand

Wenn Sie mit Ihrem Text mehr als 5 cm unterhalb von der oberen Kante des Papierblatts beginnen, tendieren Sie vielleicht dazu, jeder Bitte nachzukommen, und Sie lassen zu, dass andere Ihre Gefühle mit Füßen treten. Wenn das auf Sie zutrifft, beginnen Sie mit dem Schreiben ein wenig höher, so ungefähr 4 cm von der oberen Kante. Dies wird das übermäßige Bedürfnis, andere glücklich zu machen, regulieren. Es vermindert auch die Angst davor, angeschrien zu werden.

Enger linker Rand

Jetzt ist es an der Zeit, uns die linke Seite des Papiers und den linken Rand anzusehen. Stellen Sie fest, wie nahe an der äußeren Kante des Blatts Sie mit dem Schreiben beginnen. Da wir von links nach rechts schreiben, steht der linke Rand dafür, woher wir kommen: die Vergangenheit, zuhause, Mama, das Leben, wie es war, als wir groß wurden. Je näher Sie an dieser Kante mit Ihrem Text beginnen, desto mehr bauen Sie auf diese Erinnerungen, um Ihre Gegenwart zu erschaffen.

Sie sind vielleicht in einer Beziehung, die ähnlich – wenn nicht sogar genauso – wie die Ihrer Eltern ist. Vielleicht treffen Sie Entscheidungen, die nicht aus der Vernunft oder aus *Ihrer* Denkweise heraus geboren werden, sondern auf der Lebensansicht Ihrer Mutter oder Ihres Vater basieren, sogar wenn es gegen Ihre eigenen Glaubenssätze geht.

Es mag sein, dass Sie immer noch über Ihre Kindheit grübeln und hier und da Schuld zuweisen. Sie sprechen vielleicht mehr über Ihre Vergangenheit als die meisten Menschen, was lähmend sein kann, denn es reißt Sie aus der Gegenwart, die letztendlich alles ist, was wir wirklich haben.

Ein guter Abstand zum linken Rand auf einem DIN-A4-Blatt sind 2,5 cm. Es ändert sich ganz wenig von Zeile zu Zeile, aber halten Sie den Abstand bei ca. 2,5 cm.

Weiter linker Rand

Wenn Ihr linker Rand übertrieben weit ist, kann es Ihr Entfliehen von Ihrer Ursprungsfamilie widerspiegeln, ohne dass Sie dabei Ihre Urteile über schmerzhafte Erinnerungen im Griff haben. Einen übermäßig weiten linken Rand stehen zu lassen ist, wie eine massive Mauer aus Stein zu errichten und sich dann zu weigern, an ihre Existenz zu glauben.

Andere Schreibmerkmale müssten dies zusätzlich bestätigen, aber wenn es zutrifft, sollten Sie vielleicht Ihren Rand auf 2,5 cm reduzieren und beobachten, wie Sie sanfter werden. Es ist eine einfache und liebevolle Art damit zu beginnen, negative Gedanken loszulassen.

Weiter rechter Rand

So wie der linke Rand aufzeigt, woher wir kommen, so zeigt der rechte Rand an, wohin wir gehen: die Zukunft. Wenn Ihr rechter Rand weit ist, halten Sie die Zukunft auf Abstand, anstatt in sie hineinzuschreiten. Ich empfehle allen Visionären, Träumern und Menschen, die herausfinden möchten, wer sie wirklich sind, so weit wie möglich an den rechten Rand des Blattes zu schreiben. Es gibt viele Wörter, die man trennen kann, und so ist der rechte Rand natürlich besonders unregelmäßig.

Enger rechter Rand

Auch wenn man so weit wie möglich an den rechten Rand schreiben sollte, ist es keine gute Idee, Wörter hinzuzwängen oder sie um das Zeilenende herum zu biegen, damit sie noch hinpassen. Das weist auf eine Person hin, die von anderen gezogene Grenzen nicht respektiert. Lassen Sie die Wörter ihren natürlichen Verlauf nehmen. Damit bahnen Sie einen Weg in Ihre Zukunft und laden das Unbekannte und Unerwartete ein.

Unterer Rand

Dieser Rand steht für unser ästhetisches Empfinden, unsere Wertschätzung von Schönheit und Eleganz: je größer der Rand, desto mehr schätzen wir diese Eigenschaften. Es ist der Rand, der am schwierigsten einzuschätzen ist, da wir oft nur ein Blatt Papier verwenden, wenn wir uns etwas notieren, und beim Schreiben fallen uns mehr und mehr Sachen ein, die wir sagen möchten. Das führt oft dazu, dass unser Text erst ganz unten auf der Seite endet und sich manchmal sogar noch die Seite entlang, längs nach oben windet. Planen Sie voraus: Gestalten Sie diesen Rand, als ob er Teil eines Bildes wäre, das Sie mit Ihren Worten zeichnen. Da auf einer Postkarte nur so wenig Platz ist, zählt der untere Rand in diesem Fall nicht.

4. RICHTUNG DER ZEILE

Die Zeilenrichtung ist die Neigung einer Linie, wenn Sie über das Blatt schreiben. Verläuft Ihre Schrift gerade über das Blatt? Geht sie leicht nach oben? Neigt sie sich leicht nach unten? Wie lautet Ihre Antwort hier? Natürlich spielt das nur dann eine Rolle, wenn sich keine Linien auf oder unter dem Blatt Papier befinden.

Gerade

Die Neigung einer Zeile ist ein klarer Hinweis auf unsere Einstellung, mit der wir das Leben begrüßen, und auf unseren Glauben an unsere eigene Fähigkeit, etwas zu erreichen. Eine Linie, die pfeilgerade über die Seite verläuft, zeigt, dass Sie eine zielstrebige und direkte Persönlichkeit haben. Wenn Sie sich ein Ziel gesetzt haben, verfolgen Sie es mit Aufmerksamkeit, Antrieb und Entschlossenheit in dem Wissen, dass Sie es erreichen werden.

In Verbindung mit anderen Faktoren jedoch kann es eine unbeugsame Haltung aufzeigen, besonders wenn ein Lineal dazu verwendet wurde, um gerade zu schreiben. Werden Sie hier also nicht zu extrem. Schreiben Sie Ihre Grundlinie nach Augenmaß, aber vermessen Sie sie nicht. Die einfachste Art, die Neigung Ihrer Grundlinie feststellen, ist das Blatt flach im Abstand von 20 cm vor Ihre Nase zu halten, wobei die Linien von Ihnen weg zeigen – und Sie so auf das Blatt zu schauen (siehe auch Nr. 5, *Grundlinie*, auf Seite 45).

Nach oben gerichtete Neigung

Wenn sich Ihre Zeilen immer leicht nach oben neigen, zeigt das, dass Sie eine positive, auf beide Seiten bedachte Einstellung haben, und etwas Vorteilhaftes an jeder Situation finden. Es braucht viel, um Sie zu betrüben. Wenn Sie hin und wieder entmutigt sind, dauert dies nicht lange an. Beachten Sie bitte: Ich sagte, eine „leichte" Aufwärtstendenz. Eine extrem nach oben gerichtete Zeile weist auf eine Person hin, die völlig den Kontakt zur Realität verloren hat und dies mit einer künstlichen, „immer glücklichen" Verhaltensweise überspielt. Jegliches Extrem bei der Handschrift spiegelt eine extreme Verhaltensweise wider.

Die sanft nach oben geneigte Zeile zeigt die Schrift eines Menschen, der stets Möglichkeiten sieht. Ich habe eine gute Freundin, deren Zeilen immer genau so sind, seit ich sie kenne. Vor einigen Jahren fragte ich sie: „Wenn du auf einer einsamen Insel stranden würdest und nur ein Buch mitnehmen könntest, welches würdest du auswählen?" Da sie unglaublich viel liest, nahm ich an, sie werde lange darüber nachdenken, bevor sie mir antwortet. Falsch. Nach zehn Sekunden strahlte sie von einem Ohr zum anderen und sagte: *„McDougalls Anleitung zum Schiffsbau*!" Muss ich dazu noch etwas sagen?

Nach unten gerichtete Neigung

Das Gegenteil trifft auf Schreiber zu, deren Zeilen sich leicht nach unten richten. Egal in welcher Situation, der Schreiber sieht automatisch nur die negative Möglichkeit. Wenn der Schreiber eine Million Dollar gewänne, würde er wahrscheinlich denken: „Oh nein. Jetzt wird sich jeder von mir Geld leihen wollen!" oder „Was soll's. Die Regierung nimmt mir das meiste ja sowieso wieder als Steuern weg."

Vor einigen Jahren hatte ich eine Klientin, eine talentierte Künstlerin. Ethels Gemälde hingen in Galerien, sie unterrichtete Malen mit Wasserfarben für Kinder und ihre Arbeiten wurden in namhaften Zeitungen und Kunstmagazinen veröffentlicht. Als sie zu mir kam, war ich überrascht zu sehen, dass ihre Handschrift sich stark nach unten neigte. Als ich ihre gesamte Handschrift untersuchte, erkannte ich ihr Problem: Sie hatte kein Vertrauen in sich selbst, ihr Selbstbild unterstützte nicht ihre Talente und sie war emotional und geistig erschöpft. Sie hatte aufgegeben. „Meine Arbeit ist nicht, wie ich es möchte. Meine Karriere ist in einer Sackgasse und so ist mein Leben. Ich weiß nicht, was ich tun soll“, waren ihre ersten Worte an mich.

Da diese negativen Selbstgespräche sich in ihrer Handschrift niedergeschlagen hatten, empfahl ich ihr zu Beginn nur eine einzige Änderung ihrer Handschrift. Ich wusste, dass mehr Änderungen vielleicht mehr gewesen wären, als sie im Moment verarbeiten konnte. „Fangen Sie an, jeden Tag in ein Tagebuch zu schreiben, und zwar mindestens zwei ganze Seiten. Seien Sie sanft zu sich selbst. Schreiben Sie langsam und richten Sie beim Schreiben die Grundlinie Ihrer Schrift gerade über die Seite.“ „Das ist alles?“, fragte sie. Ich lachte. „Sie werden vielleicht feststellen, dass das nicht so leicht ist, wie es sich anhört.“

In den nächsten zwei Wochen faxte sie mir ihre Seiten regelmäßig und rief gelegentlich an. „Ich kriege diese Zeilen einfach nicht gerade. Egal, wie sehr ich es versuche, sie neigen sich immer nach unten!“ Wir sprachen dann eine Weile miteinander und anschließend nahm sie wieder den Stift zur Hand und begann von vorn. Nach der dritten Woche war ihre Einstellung spürbar leichter, ihre Stimme fröhlich und ihre Zeilen, um es in ihren Worten auszudrücken, „begannen endlich, sich anständig zu benehmen“. Ich habe dann bis zu unserem nächsten Termin nichts mehr von ihr gehört.

Als Ethel am 40. Tag zu mir kam, war es, als käme ein neuer Mensch in mein Büro hereingeschwebt: gleicher Name, gleicher Mensch, aber von ganz anderen Einstellungen getragen. Sie hatte ein breites Lachen auf ihrem Gesicht, ihr Schritt war federleicht und ihre Augen versprühten ein Funkeln; sie lachte leichtherzig und hatte eine ganze Seite mit Plänen, wie sie ihre Karriere erweitern wollte, aufgeschrieben. Sie behielt ihre tägliche Schreibübung bei und es zahlte sich aus.

Die Angewohnheit, Zeilen nach unten zu schreiben, ist schwer zu durchbrechen, da sie sich lange Zeit in die Psyche eingegraben hat. Es ist ein großes Hindernis, das, sobald es entfernt wird, die ganze Welt völlig neu aussehen lässt. Es werden sich Ihnen nicht nur Pfade, sondern ganze Autobahnen eröffnen, sobald Sie diese Angewohnheit umgewandelt haben.

Eine Möglichkeit, diese Tendenz zu korrigieren, ist, immer unliniertes Papier zu verwenden. Bevor Sie mit dem Schreiben beginnen, falten Sie das Blatt einmal horizontal. Streichen Sie es vor dem Schreiben wieder glatt, und wenn Sie beim Schreiben diese Falte erreicht haben, können Sie sagen, in welche Richtung sich Ihre Zeilen neigen. Wenn Sie sehen, dass sie nach unten verlaufen, können Sie sie ganz einfach gerade ausrichten.

Und zeichnen Sie vor allem keine Linie durch das Papier als Richtlinie! Wenn der Stift auf die leichte Falte trifft, ist dies eine sanfte Erinnerung; wenn er auf eine gezogene Linie trifft, ist dies eine harte Rüge.

Es handelt sich hier um angenehme Übungen, nicht um zermürbende Buße. Denken Sie daran, wir richten nur unsere Einstellungen neu aus. Diese Übung kann Wunder beim Erlernen eines positiven Selbstbildes und einer nach vorne schauenden Einstellung bewirken.

5. GRUNDLINIE

Die Grundlinie ist die imaginäre Linie, auf der Sie auf dem Blatt schreiben. Wie haben Sie Ihre bewertet? Ist sie relativ gerade oder bildet sie eher Täler und Hügel, wenn sie wie benommen über das Blatt taumelt?

Gerade oder starr?

Eine verhältnismäßig gerade Grundlinie ist das, was Sie möchten. Keine Extreme. Eine Grundlinie, die so aussieht, als hätte man sie mit dem Lineal gezogen, weist auf Starrheit, Angst, nicht recht zu behalten, und Zwanghaftigkeit hin. Mit anderen Worten, ein Schreiber, der sich selbst und andere übermäßigem, selbst verursachtem Stress aussetzt.

Wellenartige Grundlinie

Das andere Extrem ist eine Grundlinie, der man kaum folgen kann, da sie sich so schlängelt. Sie besagt, dass der Schreiber sich nicht lange auf eine Sache konzentrieren kann. Eine To-do-Liste zu erstellen würde größten Stress verursachen und Lebensziele wären eine lachhafte Unmöglichkeit. Es gibt noch viele andere Anzeichen dafür, aber die Grundlinie ist das Hauptanzeichen.

Jegliches Extrem in unserer Handschrift hält uns von einem ausgeglichenen Leben ab. Die ideale Grundlinie ist verhältnismäßig gerade – weder rigide noch wellig. Wenn Ihre stark in eine dieser beiden Richtungen tendiert, sollten Sie sich alle Mühe geben, sie auszugleichen. Das wird auf wunderbare Weise ein Gefühl von Leichtigkeit in Ihr Leben bringen.

6. WORTABSTAND

Wie haben Sie bei diesem Punkt abgeschnitten? Das ist meist schwer zu sagen, da Wörter oft in ihren Abständen zueinander variieren. Auch hier möchten wir keine Extreme.

Der perfekte Abstand zwischen Wörtern ist die Breite eines horizontal geweiteten, ovalen, kleinen *a*'s. „Horizontal geweitet" bedeutet weder zusammengepresst noch vollkommen rund, sondern irgendwo sachte dazwischen.

Der Wortabstand zeigt Ihre Einstellung zu Nähe und Distanz, zum Bedürfnis, Menschen um sich herum zu haben. Stellen Sie sich die Wörter als Menschen vor. Wie nah Sie sie nebeneinanderschreiben, zeigt an, wie nah Sie sie bei sich haben möchten.

Halten Sie Ihr Blatt eine Armlänge von sich, um eine Gesamtübersicht zu erhalten, wie nah oder weit Sie die Wörter im Allgemeinen voneinander schreiben. Wenn sie außergewöhnlich nah nebeneinanderstehen, haben Sie vielleicht das zwanghafte Bedürfnis, immer Menschen um sich herum zu haben. Wenn sie weit auseinanderstehen, bevorzugen Sie es, andere auf Distanz zu halten.

Eng zusammengeschriebene Wörter

Wenn Sie der Ansicht sind, dass Ihre Wörter im Durchschnitt ziemlich eng zueinander stehen, lassen Sie bei Ihren Schreibübungen ein wenig mehr Platz dazwischen, ein wenig mehr Platz zum Atmen. Wenn Sie dies bei Ihren Wortabständen tun, tun Sie dasselbe auch für sich selbst.

Weit auseinandergeschriebene Wörter

Wenn Ihre Wörter so aussehen, als hätte man sie ausgeschnitten und wieder weit voneinander eingefügt, bringen Sie sie beim Schreiben schrittweise näher zusammen. Weite Wortabstände heißen nicht, dass Sie unfreundlich sind; es sagt aus, dass Sie lieber

Ihre eigene persönliche Distanz bestimmen, für gewöhnlich eine Armlänge.

Die Wörter etwas näher zusammenzuschreiben, wird Sie nicht in einen geselligen Partygänger verwandeln; es gibt Ihnen ledig mehr Freiraum, in dem Sie sich bewegen können.

Den Wortabstand zu ändern hört sich vielleicht wie ein Kinderspiel an, aber denken Sie daran – wenn Sie den Abstand zwischen Ihren Wörtern ausgleichen, legen Sie gleichzeitig Ihre Angst, verletzlich und vertraulich zu sein, ab, und schaffen auch bei Ihrem Bedürfnis nach Zwischenmenschlichkeit mit anderen ein Gleichgewicht. Dies ist eine sehr tief sitzende Vorliebe und es kann volle 40 Tage dauern, bis sie sich angepasst hat.

Seien Sie mit sich selbst geduldig. Jegliches Extrem hier ist es sicherlich wert, entfernt zu werden, besonders wenn Sie Probleme haben, sich auf neue Beziehungen einzulassen, Sie aber diese eine besondere Person an Ihrer Seite haben möchte. Einen Freund, mit dem Sie Pferde stehlen können, bei dem Sie Sie selbst sein können und der Sie liebt, wenn Sie es tun.

7. RICHTUNG DES STRICHS AM ENDE EINES WORTES

Einer der Grundsätze beim selbstunterstützenden Schreiben ist, so viele Striche wie möglich nach rechts gerichtet zu beenden. Wo ein Strich anfängt, zeigt an, woher die Energie kommt. Wo er endet, zeigt an, wohin die Energie freigelassen wird. Denken Sie daran, dass die linke Seite des Blatts für die Vergangenheit, das Zuhause, Ihre Ursprungsfamilie und Ihr Aufwachsen steht; die rechte Seite spiegelt die Zukunft und woraus sie besteht, wider. Schlussfolgernd bringen uns nach rechts endende Striche vorwärts; nach links endende Striche versetzten uns in die Vergangenheit.

„Aber was ist mit Ahnenforschern, Historikern, Forschern, Linguisten und Literaturliebhabern?“, fragen Sie. „Die verweilen in der Vergangenheit“, müsste ich Ihnen Recht geben. Ihre Forschung jedoch *beginnt* in der Vergangenheit, aber sie endet dort nicht; es ist selbsterhaltend. Es gibt viele andere Schriftzüge in der Handschrift, die auf einen Schreiber hinweisen, der in der Vergangenheit forscht; Striche nach links enden zu lassen, ist keiner davon.

Nach links endende Striche

Jedes Mal, wenn ein Strich linksgerichtet endet, zeigt das an, wo Ihre Aufmerksamkeit freigesetzt wird. Wenn Sie sich wohl dabei fühlen, einige Striche nach links enden zu lassen, färbt Ihre Vergangenheit Ihre Gegenwart und somit Ihre Zukunft, und zwar in grellen leuchtenden Farben. Vielleicht suchen Sie in der Vergangenheit Anerkennung, vielleicht wiederholen Sie die Vergangenheit – besonders in Beziehungen – oder vielleicht verfolgen Sie eine Karriere, die Ihrer Eltern und nicht Sie ausgewählt haben. Die Vergangenheit beeinflusst jeden von uns auf eine andere Weise.

Wenn viele Striche auf der linken Seite enden, können sie Selbstbeschuldigung, Schuld und ein Gefühl von persönlicher Unzulänglichkeit anzeigen, die auf Ihrer Vergangenheit basieren. Sie alle spiegeln die Angst, sich vorwärtszubewegen, wider. Nach links endende Striche versetzen Sie in die Vergangenheit, wo Sie grübeln und das wieder und wieder erleben, was sich nicht ändern lässt. Sie halten Sie davon ab, mit unbekannten und vielleicht aufregenden Lebensanschauungen zu experimentieren. Sie bestätigen Angst und Selbstzweifel, besonders im Bezug auf die Beweggründe anderer.

Einige Linkshänder empfinden es als eine natürliche Abkürzung, den Strich wieder nach oben und dann nach links zu schwingen, wenn sie ihre T durchstreichen. Das sieht ungefähr so aus: D. Ich habe auch schon Rechtshänder mit derselben Angewohnheit gesehen. Das ist ein Schreibmuster, das ich Sie dringend bitte zu ändern, egal, mit welcher Hand Sie schreiben.

Die Zukunft liegt vor Ihnen; die Vergangenheit liegt hinter Ihnen. Die Richtung, in der ein Strich endet, ist ein Hauptmerkmal dafür, welche der beiden Ihre Entscheidungen beeinflusst.

8. AUFSCHWUNG BEIM LETZTEN STRICH EINES WORTES

Ein *Aufschwung* ist ein Strich, der am Ende eines Wortes um mehr als die halbe Höhe des letzten Buchstabens nach oben gezogen wird. Ein Beispiel dafür befindet sich bei Nr. 8 unter „Erstellen der Karte" am Anfang des Kapitels. Als Sie Ihre Handschrift auf Aufschwünge untersucht haben, mussten Sie da genau hinschauen oder waren die auf den ersten Blick offensichtlich? Wenn sie Sie regelrecht vom Blatt anspringen, rate ich Ihnen dringend, es zu Ihrer obersten Priorität zu machen, sie zu ändern.

Der ideale geschwungene Schlussstrich sollte höchstens halb so hoch wie sein Buchstabe sein. *a, d, u, m, n, h, e, i, f, r* und *I* sind Bespiele für selbstunterstützende Schlussstriche. Allein durch seine Form blockiert jeder Aufschwung sämtliche Vorwärtsbewegung. Im Leben bewegen wir uns von der Vergangenheit in die Zukunft. Überträgt man dies auf Schreibmuster, bewegen wir uns von links nach rechts. Wenn etwas in unserer Handschrift Vorwärtsbewegung blockiert, so ist dies ein Zeichen dafür, dass wir Barrieren auf unserem Weg errichten. Niemand sonst legt uns diese Steine in den Weg. Wir allein halten den Stift in der Hand. Ein Beispiel solch einer Barriere kann Arroganz, Ablehnung, eine hochmütige Haltung oder Verschlossenheit sein; wir errichten unsere eigenen Barrieren ganz individuell.

Der Hauptbestandteil jeglicher mentalen Barriere, egal, wie klein sie auch sein mag, ist Angst; nichts anderes hält uns davon ab, uns vollständig zu verwirklichen. Nichts. Wir können den Umständen, anderen Menschen, mangelnder Bildung, fehlenden Möglichkeiten oder nicht vorhandenem Geld die Schuld geben, aber sie sind nicht das Problem. Auf Angst basierendes Denken zwingt uns, diese Herausforderungen für unser momentanes Leben verantwortlich zu machen. Wir weichen ihnen lieber aus, als dass wir uns ihnen stellen.

Aufschwünge sind Striche, die tief sitzende Angst widerspiegeln. Menschen, die so schreiben, nutzen beim Sprechen oftmals dieselben negativen Ausdrücke wie ihre Eltern sie ihnen gegenüber gebraucht haben.

Wenn Aufschwünge nur hier und da auf Ihrem Papier vorkommen und Sie sich nicht sicher sind, ob diese überhaupt zählen, seien Sie sich beim Schreiben ihrer einfach bewusst und ersticken Sie die Versuchung dazu von jetzt an im Keim.

Wenn sie sich überall auf dem Blatt befinden, kann deren Beseitigung ein wichtiges Umstrukturieren Ihrer Denkmuster und Ihres Lebens bewirken. Es wird Ihnen enorm helfen, tief durchzuatmen und wieder Sie selbst zu werden.

Sie werden Ihre Schutzmauern niederreißen und Ihr Leben öffnen können. Ihr Umgang mit anderen Menschen wird lockerer, leichter und weniger anstrengend. Es wird Ihnen ein Gefühl von Freiheit verleihen, wie Sie es noch nie erlebt haben. Wenn persönliche Freiheit und gesunde Beziehungen voller Freude Werte sind, die Ihnen wichtig sind, rate ich Ihnen dringend, Aufschwünge aus Ihrer Handschrift zu verbannen.

9. SCHRIFTGRÖSSE

Haben andere zu Ihnen gesagt, dass Ihre Schrift so klein sei, dass sie sie nicht lesen könnten? Oder so groß, dass Sie Papier verschwendeten, weil Sie nur fünf oder sechs Zeilen auf ein normales

DIN-A4-Blatt bekommen? Wie haben Sie die Größe Ihrer Schrift bewertet? Wenn eine dieser beiden Kategorien zuzutreffen scheint, wird Ihre Handschrift als unausgeglichen betrachtet. Nicht falsch, nur unausgeglichen.

Kleine Schrift

Menschen, die winzig schreiben, tun sich leicht mit Details. In der Tat lieben sie nichts mehr. Sie blühen auf, wenn sie sich auf Details konzentrieren können, und arbeiten oft im Bereich Recherche, Baukunst, alte Sprachen, Computerwissenschaften, Geschichte oder in jedem Bereich, der sie interessiert, vielleicht sogar Jura, solange es etwas mit Recherche zu tun hat. Sie lieben alles; Hauptsache, sie können mit dem Kopf arbeiten. Viele Erfinder, Wissenschaftler, Lektoren, Ingenieure und Mathematiker neigen dazu, sehr, sehr klein zu schreiben.

Das wirkt sich auch auf ihren Lebensstil aus. Menschen mit einer winzigen Handschrift wären gerne unsichtbar oder würden am liebsten ganz verschwinden. Wenn Sie eine klitzekleine Handschrift haben, lachen Sie jetzt wahrscheinlich, weil sie wissen, dass es wahr ist, oder etwa nicht?! Lachen Sie ruhig weiter – es wird noch besser.

Menschen mit kleiner Handschrift leben und arbeiten auch gern in kleinen Räumen. Sie werden selten jemanden finden, der in einem Herrenhaus lebt. Wenn doch, so haben sie dort einen sicheren Rückzugsort, einen begrenzten und abgesperrten Bereich, in dem sie allein Zeit mit ihrer Arbeit, mit Büchern oder dem Computer verbringen können. Wenn sie sich sportlich betätigen, suchen sie sich für gewöhnlich einen Sport mit einer klar definierten Fläche wie Tennis, Volleyball oder Fußball aus oder eine Sportart, die sie alleine ausüben können, wie Laufen, Radfahren oder Schwimmen.

Wenn Ihre Handschrift winzig ist, verschwinden Ihre Talente und Vorlieben nicht, wenn Sie in einer normalen Größe schreiben.

Im Gegenteil, Sie werden sich verbessern und größer werden – es ist der Unterschied zwischen einem Leben im Schrank und einem Leben im ganzen Haus.

Wenn Ihre Handschrift winzig ist, verschreckt Sie diese Idee wahrscheinlich so, dass Sie gleich das Buch zuschlagen werden. Lesen Sie weiter, denn nach nur wenigen Zeilen wird sich Ihr Puls wieder beruhigen. Atmen Sie tief durch. Es sind nur noch ein paar Zeilen zu lesen. Niemand zwingt Sie, irgendetwas zu tun. Sie können in Ihrem Schrank bleiben. A-t-m-e-n Sie jetzt.

Wenn Ihre Schrift winzig ist, nennen Sie wahrscheinlich bevorzugt kleine Räume Ihr Eigen. Sie blühen wahrscheinlich in der Einsamkeit auf. Was passieren wird, wenn Sie langsam Ihre Schrift vergrößern, ist, dass Sie anfangen, Ihre Liebe zu kleinsten Details zu erweitern, indem Sie eine größere Welt betreten, in der Sie diese Details teilen können.

Vielleich entsteht dadurch auch eine Karriere als Sprecher, Workshop-Leiter oder Lehrer. Vielleicht entwickeln Sie ja auch eine neue Sicht für eine alte Wissenschaft. Vielleicht bekommen Sie ein Patent für Ihre geheime Entdeckung.

Wenn Sie größer schreiben, erlauben Sie sich selbst, Ihre natürlichen Talente zu erweitern. Sie werden Einsamkeit eher als ein Geschenk empfinden, statt zwanghaft danach zu greifen.

Große Schrift

Wenn Ihre Handschrift am anderen Ende des Spektrums liegt und außergewöhnlich groß ist (in der Annahme, dass Ihr Sehvermögen in Ordnung ist), werden Sie feststellen, dass, wenn Sie Ihre Handschrift auf eine normale Größe verkleinern, Details offensichtlich werden, die Sie vorher nicht bemerkt haben. Sie werden vielleicht auch weniger reden und mehr zuhören und bereit sein, das Rampenlicht mit anderen zu teilen.

Menschen mit einer extrem großen Handschrift scheuen sich nicht davor, im Mittelpunkt zu stehen. Sie lieben nichts mehr, als beachtet zu werden. Jedoch kann ihre Größe auf der Bühne oft eine Gleichgültigkeit gegenüber den Gefühlen oder Bedürfnissen anderer sein.

Menschen mit besonders großer Handschrift sind bekannt dafür, Kollegen zu überrollen, ohne dass sie es selbst merken, da es eine tief sitzende Angewohnheit ist. Wenn man sie darauf aufmerksam macht, sind sie ganz überrascht darüber. „Wer, ich? So etwas würde ich nie tun."

Wenn Ihre Handschrift in diese extremen Kategorien fällt, sollten Sie ein Mittelmaß finden, denn wenn Sie Ihre Handschrift ausgleichen, bringen Sie auch wieder ein Gleichgewicht in Ihr Leben. Sie können nach wie vor eine große Persönlichkeit haben, nur eine etwas sensiblere.

10. VERBINDUNG VON BUCHSTABEN INNERHALB EINES WORTES

Alle Buchstaben verbunden

Wie haben Sie hier abgeschnitten? Haben Sie jeden Buchstaben in jedem Wort, wie Sie es gelernt haben, miteinander verbunden? Oder haben sich einige Buchstaben geweigert, sich miteinander zu verbinden? Wenn Sie immer noch unter dem Einfluss Ihres Lehrers aus der zweiten Klasse stehen, haben Sie vielleicht langsamer geschrieben, damit Sie auch ja wirklich jeden Buchstaben miteinander verbinden könnten, wie es richtig ist.

Ups. Denken Sie daran – bei der Handschrift gibt es kein Richtig oder Falsch. Wenn alle Buchstaben miteinander verbunden sind, ist das in Ordnung. Wenn einige nicht miteinander verbunden sind, ist das auch in Ordnung. Wie viele Buchstaben Sie beim Schreiben miteinander verbinden, zeigt lediglich, welchen Teil Ihres Gehirns Sie benutzen, um an Informationen zu kommen.

Wenn alle Buchstaben miteinander verbunden sind, zeigt dies, dass Sie sich auf Logik, Vernunft und gut funktionierende Formeln verlassen, um zu Ihren Schlussfolgerungen zu kommen. Wenn sie hier und da nicht miteinander verbunden sind, ist das ein Hinweis darauf, dass Sie Vernunft mit Intuition verbinden, bevor Sie sich entscheiden.

Da Ingenieure und Naturwissenschaftler den ganzen Tag mit Gleichungen zu tun haben, sollte man meinen, dass die meisten von ihnen ihre Buchstaben miteinander verbinden. Und die meisten von ihnen sind auch davon überzeugt – bis ich die Lupe hervorhole.

Ich fand heraus, dass, obwohl es so scheint, als wären die Buchstaben eng miteinander verbunden, dies unter der Lupe betrachtet nicht der Fall ist. Die begabtesten, führenden Wissenschaftler, Ingenieure und Erfinder, die ich getroffen habe, schreiben den Anfang eines Wortes, heben ihren Stift vom Blatt ab, und anstatt, dass sie Platz zwischen den Buchstaben lassen, platzieren sie den Stift innerhalb einer Nanosekunde wieder dort, wo sie zuletzt aufgehört haben, und schreiben das Wort zu Ende. Das Witzige dabei ist, dass sich sich überhaupt nicht bewusst sind, dass sie den Stift vom Blatt abgehoben haben. Das ist ein wunderbares Beispiel dafür, wie unser Verstand unbewusst arbeitet. Am Ende sieht ihre Schrift so aus, als habe der Stift das Blatt Papier nie verlassen, weil jeder einzelne Buchstabe so aussieht, als sei er mit den anderen verbunden.

Es ist erstaunlich, wie viele Menschen der Überzeugung sind, dass sie den Stift nicht mitten im Wort anheben. Wenn sie sich Ihre Schrift dann selbst unter der Lupe ansehen, sind sie vollkommen verblüfft. Ihre erste Reaktion ist, sich einen Stift und ein Blatt Papier zu schnappen und ein paar Zeilen zu schreiben, um sich selbst davon zu überzeugen. „Oh nein! Sie haben recht. Ich kann's einfach nicht glauben!" ist die übliche Bemerkung, wenn sie ihren Stift über das Blatt bewegen.

Dieses bestimmte Schreibmuster weist auf einen schnellen Denker hin, der extrem intuitiv und scharfsinnig ist und dem es lieber ist, dass andere das nicht wissen.

Durchgehende Verbindung

Wenn Sie jeden Buchstaben miteinander verbinden, wie Sie es in der Schule gelernt haben, lassen Sie keinen Freiraum für Kreativität, Intuition und innovatives Denken. Durchgängiges Verbinden lässt die Vorstellungskraft und den Geist erstarren. Wenn jeder Buchstabe stets mit dem nächsten verbunden ist, und zwar ohne Ausnahme, müssen Sie Ihr Leben nach den Vorstellungen eines anderen leben, oftmals nach denen der Kirche, kulturellen Traditionen, dem Familienerbe oder sogar dem Schulsystem.

Sie sind der Überzeugung, dass das Leben genau so gelebt werden muss, wie es festgelegt wurde, ohne Spontanität und Originalität. Ihre Beziehungen verlieren sich schnell in Gewohnheiten, anstatt von liebevollen Ausdrücken der Freude und der Aufregung angefeuert zu werden. Das Leben ändert sich kaum von Tag zu Tag. Das ist sicherlich nicht falsch, aber auch nicht besonders lebensbejahend.

Nicht verbundene Buchstaben

Um Intuition und Vernunft im Gleichgewicht zu halten, achten Sie darauf, jedes Wort mit fünf oder mehr Buchstaben zu unterbrechen. Wenn Sie den Stift dafür anheben, lassen Sie sichtbar Platz zwischen den Buchstaben. Daran sollten Sie immer denken, denn dieser kleine Abstand steht für den Platz, in dem die Spontanität lebt. Es erzeugt Originalität und erlaubt unausgesprochenen Ideen, hervorzubrechen.

Diese Art des Schreibens ist als Druckschreibschrift bekannt, da es sich hierbei weder um eine vollständige Druckschrift noch um traditionelle Schreibschrift mit durchgängig verbunden Buchstaben handelt. Schreiben Sie ein paar Zeilen. Schauen Sie, wie es sich anfühlt. Spielen Sie damit.

Wenn Sie fast Ihr ganzes Leben lang alle Buchstaben immer miteinander verbunden haben, kann diese Veränderung unglaublich unangenehm für Sie sein. Wenn Sie den Mut aufbringen können, dies zu üben, werden Sie vielleicht Ihren Atem beim Schreiben anhalten oder nur sehr flach atmen.

Ich schlage Ihnen vor, dass Sie, bevor Sie mit den Schreibübungen beginnen, Ihr Rückgrat aufrichten, als ob sich Ihre Schulterblätter berühren wollten, und dann atmen Sie ein paar Mal tief ein und aus. Denken Sie beim Schreiben ganz bewusst ans Atmen. Sitzen Sie mit geradem Rücken da; so weiten Sie Ihre Lungen. Denken Sie daran: Ihre Handschrift ist nicht das Einzige, was Sie verändern. Wenn Sie erst einmal diese Änderung in Ihrer Handschrift vorgenommen haben, kommt das Atmen ganz von allein.

11. DRUCK BEIM SCHREIBEN

Ich habe Sie aus mehreren Gründen gebeten, einen Kugelschreiber zu verwenden. Der Hauptgrund dafür war, dass ein Kugelschreiben den Druck, mit dem Sie schreiben, präziser als alle anderen Schreibgeräte wahrnimmt.

Die Unterlage, auf der Sie schreiben, spielt ebenfalls eine Rolle. Wenn Sie auf einer weichen Unterlage wie zum Beispiel auf einem mit einer Tischdecke bedeckten Tisch schreiben, spiegelt sich Ihr Schreibdruck nicht präzise wider, da der Stift automatisch fester auf das Papier drückt.

Vorausgesetzt, Sie haben mit einem Kugelschreiber auf einer harten Oberfläche geschrieben, wie bemessen Sie Ihren Druck beim Schreiben? Fühlen Sie einen Durchdruck auf der Rückseite?

Wenn Ihre Finger leichte Erhebungen erspüren können, dann können Sie Ihren Schreibdruck als stark einordnen. Wenn Ihre Schrift verhältnismäßig eben und klar mit keinem oder nur minimalen Durchdruck auf der Rückseite ist, so wird dies als mittlerer Druck bezeichnet. Wenn Sie so leicht aufdrücken, dass es aussieht, als flüstere der Stift, schreiben Sie mit leichtem Druck.

Starker Druck

Der Druck, mit dem Sie schreiben, weist auf viele Dinge hin, aber in erster Linie darauf, wie sehr Sie sich mental, emotional und physisch in Ihr Leben einbringen. Wenn Ihr Fokus so präzise wie ein Laser ist, Sie eine starke Persönlichkeit besitzen und Sie mit wahrer Leidenschaft bei allem, was Sie tun, dabei sind, dann schreiben Sie tendenziell mit stärkerem Druck. Sie machen keine halben Sachen; für Sie heißt es alles oder nichts. Selbst wenn diese Intensität nicht nach außen getragen wird, so lebt sie doch in Ihrem Inneren.

Wenn Sie starken Druck auf das Papier ausüben, sind all Ihre Sinne lebendig und voll in Ihren täglichen Aktivitäten eingebunden. Mit hoher Wahrscheinlichkeit lieben Sie gutes Essen, kräftige Farben und leidenschaftliche Beziehungen. Sie sind empfänglicher für Geräusche und Gerüche als der Durchschnitt; Sie nehmen vielleicht sogar Gerüche wahr, die sonst keiner riecht.

Sie tendieren wahrscheinlich dazu, schnell oder mit großen Schritten zu laufen. Auf Zehenspitzen zu gehen, liegt nicht in Ihrer Natur. Wenn Sie Ihren Körper dazu bringen könnten, langsamer zu gehen, würden Sie wahrscheinlich stehen bleiben, um an den Rosen zu riechen, wenn Sie am Garten Ihres Nachbarn vorbeibrausen.

Wenn Sie mit starkem Druck schreiben, kommen Sie erst gar nicht auf die Idee, einen neuen Mantel oder eine neue Jacke zu kaufen, ohne zuerst die Beschaffenheit des Materials zu fühlen. Geschmack, Berührung, Geruch, Blicke, Geräusche, physische Energie und Leidenschaft – das ist der Treibstoff für Ihr Leben. Wenn Sie Ihren Druck als stark bemessen, wurden Sie wahrscheinlich schon mehr als einmal in Ihrem Leben als „intensiv" bezeichnet.

Mittlerer Druck

Wenn Sie mit mittlerem Druck schreiben, können Sie sich immer noch vollends in Ihrem Leben einsetzen, aber Sie drücken Ihre Energie etwas moderater aus. Sie können genauso intensiv wie ein Schreiber mit starkem Druck fühlen, aber diese Gefühle verzehren Sie nicht. Genau wie Ihr Druck sind Sie gemäßigt und kommen mit weniger Leidenschaft und Intensität zum Ausdruck.

Leichter Druck

Wenn Ihr Druck auf dem Papier nur leicht ist und ich Sie bäte, ein paar Zeilen mit kräftigerem Druck zu schreiben, würden Sie sich vielleicht gegen meine Bitte auflehnen. Mehr Druck mit dem Stift auszuüben fühlt sich für Sie vielleicht an, als müssten Sie in der Oper eine Arie singen, obwohl Sie bislang nur unter der Dusche gesungen haben. Vielleicht würden Sie es ein paar Mal halbherzig versuchen und am Ende wahrscheinlich mit einem „Kann ich nicht. Ich kann's einfach nicht" aufhören.

Auch wenn Sie körperlich genauso präsent sind wie jemand, der mit starkem oder mittlerem Druck schreibt, so besitzen Sie doch nicht die gleiche mentale und emotionale Einsatzbereitschaft wie die anderen beiden.

Sie fühlen sich vielleicht zu einem etwas ruhigeren, mehr seelenorientierten Leben hingezogen. Vielleicht finden Sie es auch schwierig, sich lange auf ein Projekt oder eine Beziehung einzulassen. Sie tendieren dazu, Auseinandersetzungen aus dem Weg zu gehen, anstatt sich ihnen zu stellen. Vielleicht sprechen Sie auch mit leiser Stimme.

Noch einmal: Der Druck Ihres Stiftes ist nur ein Faktor in der Handschrift. Erinnern Sie sich an das Puzzle? Ein Puzzleteil ist genau das – nur ein Teil. Jedes Teil ist wichtig, um das gesamte Bild fertigzustellen, und auch leichter Druck ist nur ein Teil.

12. SCHREIBGERÄT

Wie lautete Ihre Antwort hier? Wenn alle möglichen Stifte und Bleistifte vor Ihnen lägen, zu welchem würden Sie ganz automatisch greifen? Zu einem Füller? Einem Filzstift? Einem Kugelschreiber mit einer bestimmten Schreibbreite? Einem Bleistift? Das hört sich vielleicht nebensächlich an, aber das Schreibgerät Ihrer Wahl ist ein wertvoller Hinweis beim Erforschen Ihrer Eigenschaften.

Füller

Bevorzugen Sie es, mit einem Füller zu schreiben? Wenn ja, dann sind Sie wahrscheinlich ein Liebhaber des geschriebenen Wortes und der Literatur; klassische Dinge entzücken Sie. Schönheit, Tiefe und Tradition sind Ihnen wichtig. Menschen, die andere Schreibgeräte wählen, teilen vielleicht Ihre Interessen, aber nicht ganz genau so, wie Sie es tun.

Ein Füller wird heutzutage leider kaum noch benutzt. Genau wie die schöne Tradition, handgeschriebene Briefe zu versenden, verschwindet er langsam. 1993 veröffentlichte die US-Post die Statistik, dass nur 4 % aller Briefe mit der Hand geschrieben werden.

Letztendlich ist der Füller in unserer heutigen Zeit, in der alles sofort geschehen muss, lästig. Man kann ihn nicht wegwerfen, die Patronen müssen regelmäßig ausgetauscht werden, und zudem muss man immer einen Tintenlöscher und Patronen parat haben. Und dennoch gibt es einige von uns, die diese Tintenfässer, Tintenlöscher und diese großartigen Schreibgeräte lieben. Haben Sie gemerkt, dass ich dazugehöre?

Filzstift

Haben Sie „Filzstift“ als Ihren Lieblingsstift aufgeschrieben? Diese Art von Stift schreibt für gewöhnlich mit etwas dickeren Strichen und füllt beim Schreiben die meisten Schlaufen und Kreise aus. Oftmals haben die Ober- und Unterlänge überhaupt keine Schlaufen, sondern haben scheinbar nur gerade Striche. Weder im Leben noch beim Schreiben gibt es Zufälle. Wir werden die Schlaufen auf den nächsten Seiten besprechen.

Meine Erfahrung mit Menschen, die mit Filzstift schreiben, zeigt, dass sie in ihrem Leben ein starkes Image nach außen tragen, aber Angst davor haben, dass sie auffliegen könnten. Das bedeutet nicht, dass es sich hierbei um Verbrecher handelt oder sie irgendwelche ruchlosen Taten begangen haben. Es besagt einfach nur, dass ihr äußeres Auftreten nicht mit dem Bild, so wie sie sich selbst tief in ihrem Innersten sehen, übereinstimmt. Mit einem Filzstift können sie persönliche Details verstecken, während sie der Welt ein anderes Gesicht zeigen.

Der dicke, ebenmäßige Strich zeigt weder starken noch leichten Druck an, ermöglicht es nicht, Buchstaben eindeutig zu schreiben, und macht es – mit wenigen Ausnahmen – schwer, Schlaufen zu schreiben. Das erlaubt dem Schreiber, das Kostüm einer gestaltlosen Persönlichkeit zu tragen. Bei einigen bringt es auch die kalte Schulter, die er der Welt zeigt, zum Ausdruck.

Wenn Sie ein eingefleischter Filzstiftschreiber sind und herausfinden wollen, ob das Gesagte zutrifft, tun Sie Folgendes: Gehen Sie in ein Geschäft mit einer großen Auswahl von Stiften. Nehmen Sie ein paar Kugelschreiber und probieren Sie sie aus. Schauen Sie, wie Sie sich dabei fühlen.

Denken Sie an die Edle Wahrheit Nummer vier: Der Schwierigkeitsgrad beim Ändern eines Schriftzuges ist direkt proportional zum Nutzen, den er in Ihrem Leben haben wird. Je größer die Schwierigkeit, desto größer ist der Nutzen. Wenn Sie dazu bereit sind, Ihre Talente und Gaben zu zeigen, und sich so zu akzeptieren, wie Sie sind, dann nehmen Sie die lebenslange Herausforderung an: Kaufen Sie mehrere Kugelschreiber in verschiedenen Farben und schreiben Sie von jetzt an nur noch damit.

Räumen Sie alle Ihre Filzstifte für die nächsten 40 Tage weg und schreiben Sie nur noch mit Kugelschreibern – keinen anderen Stiften, keinen Bleistiften. Zu Beginn verursacht diese Veränderung vielleicht Unruhe, Besorgnis, Angst vor Entblößung oder Groll, aber bleiben Sie dran. Indem Sie mit einer anderen Art Stift schreiben, werfen Sie Stück für Stück Teile Ihres Kostüms ab und erlauben anderen, Sie so zu sehen, wie Sie wirklich sind. Sie springen hinter dem Vorhang hervor und werden Ihr authentisches Selbst.

Schließen Sie Ihre Augen und stellen Sie sich die positive Auswirkung vor, die diese Veränderung nicht nur in Ihrem Inneren haben könnte, sondern auch in all Ihren Beziehungen. Fühlt sich gut an? Dann sollten Sie es einmal versuchen.

Kugelschreiber

Aufgrund seiner Konstruktion offenbart der Kugelschreiber mehr Informationen über Sie als jedes andere Schreibgerät. Ein Filzstift verbirgt den Druck. Wenn Sie zu hart aufdrücken, zerfranst die Spitze. Wenn man mit einem Füller stark aufdrückt, biegt sich die Feder auseinander und die Tinte läuft aus – ziemlich unerfreulich.

Ein Tintenroller schreibt eine kontinuierliche, ebenmäßige Zeile ohne jeglichen Hinweis auf den Druck des Stiftes. Genau wie ein Filzstift zeigt er nicht an, welche Striche hervorgehoben wurden, weil der Schreiber stärker auf das Papier gedrückt hat, oder welche vermindert wurden, weil der Schreiber weniger Druck ausübte. Ein Tintenrollen jedoch ist eine Stufe besser als ein reiner Filzstift, da man mit ihm klare Schlaufen und Kreise schreiben kann.

Ich sage nicht, dass Sie damit aufhören sollen, einen Tintenroller oder Füller für das tägliche Schreiben zu verwenden, es sei denn,

Sie machen eine Schreibübung, die ein anderes Schreibgerät erfordert. Auch schlage ich Ihnen nicht vor, ausschließlich mit dem Kugelschreiber zu schreiben – außer für die 40-Tage-Herausforderung. Ich erkläre hier lediglich, wie die unterschiedlichen Schreibgeräte unsere Persönlichkeit wiedergeben. Jedoch rate ich Ihnen, weder mit dem Filzstift noch mit dem Bleistift ständig zu schreiben.

Bleistift

Die meisten von uns verwenden hier und da mal einen Bleistift. Ich kann mir nicht vorstellen, mit einem anderen Stift Notizen in einem Buch zu machen, meine Kontoauszüge zu überprüfen oder ein Kreuzworträtsel zu lösen. Ich mache öfters Fehler, die ausgebessert werden müssen, und andere Stifte sind so endgültig.

Wenn ich von einem Bleistiftschreiber spreche, meine ich Menschen, die den Bleistift mindestens 60% der Zeit als ihr Schreibgerät wählen.

Haben Sie „Bleistift" als Ihre Wahl aufgeschrieben? Wenn dem so ist, dann muss es eine unangenehme Erfahrung gewesen sein, Ihre Seite mit einem Kugelschreiber zu beschreiben, ähnlich als bäte man Sie, einem Wintermantel bei 35°C zu tragen. Ihr Verstand muss „Leg das dumme Ding ab. Niemand trägt bei dieser Hitze einen Mantel!" geschrien haben.

Egal welchen Vergleich man nimmt, ein Bleistiftschreiber bevorzugt einen Bleistift. Punkt. Wenn Sie ein überzeugter Bleistiftschreiber sind, lesen Sie den folgenden Text und schauen Sie, ob er auf Sie zutrifft.

Treue Bleistiftbenutzer finden es häufig schwierig, sich auf irgendein Projekt, irgendeine Beziehung oder irgendein Abenteuer für eine längere Zeit einzulassen. Sie vermeiden vorsichtig alle Situationen, aus denen es keinen Ausweg, keine Hintertür gibt. Sie finden Auswege, um nicht greifbar oder nicht verfügbar zu sein. Wie ein Chamäleon haben sie die Tendenz, regelmäßig die Richtung zu ändern, oftmals mitten in einer Angelegenheit, von der andere denken, dass es jetzt vorwärtsgeht. Einen Bleistiftschreiber kann man nicht festnageln. Denken Sie daran: Einen Bleistift kann man wegradieren.

Ein Grundpfeiler eines proaktiven Lebens sind Verpflichtungen. Sie sind die Grundlage, auf der wir unsere Entscheidungen treffen. Wenn Sie überwiegend mit dem Bleistift schreiben, dann tendiert Ihr Untergrund dazu, sich zu ändern, und Sie haben vielleicht große Schwierigkeiten, sich auf so ziemlich alles einzulassen. Diese Angst hat Sie wahrscheinlich in Ihren vergangenen Beziehungen in einige Schwierigkeiten gebracht; sie hat Ihnen vielleicht sogar Freunde, Familie, Geschäftspartner und Menschen, die Sie lieben, entfremdet.

Obwohl Sie vielleicht den Ursprung dieser Angst nicht genau benennen können, können Sie sie langsam auflösen, indem Sie einfach mit einem Kuli schreiben. Wenn Sie konsequent Tinte statt Blei wählen, werden Sie vielleicht Momente Ihrer Grundangst erleben, aber sie wird Sie nicht länger im Griff haben. Es wird sich eher wie eine Geschichte, eine dunkle Erinnerung anfühlen, und wenn Sie durchgehend einen Kuli anstatt eines Bleistifts verwenden, wird Ihre Angst weniger werden und sich letztendlich ganz auflösen.

Führen Sie neben Ihren täglichen Schreibübungen auch ein Wundertagebuch, in dem Sie alle Veränderungen festhalten. Auf diese Weise sehen Sie die täglichen Entwicklungen der Veränderungen für sich selbst. Ich garantiere Ihnen – diese eine Veränderung kann Ihre Beziehungen unglaublich verbessern.

Warum machen Sie nicht ein Experiment und legen Ihren Bleistift für die nächsten 40 Tage beiseite und verwenden ausschließlich einen Kugelschreiber! Lassen Sie jemand anderen Ihr Konto saldieren oder warten Sie damit noch 40 Tage. Lösen Sie Ihre Kreuzworträtsel mit Tinte – also das ist doch mal eine *echte* Verpflichtung! Schauen Sie, was passiert.

Um Ihren Entschluss zu verstärken, können Sie sich vielleicht vornehmen, diese 40 Tage lang auch immer Wort zu halten und das zu tun, was Sie versprochen haben. Eine Mischung aus rigoroser Ehrlichkeit und standhaftem Einhalten Ihres Versprechens kann extreme Besorgnis bei einem langjährigen Bleistiftschreiber hervorrufen – ich behaupte nicht, dass das nicht geschehen wird. Aber die Ergebnisse können unglaublich effektiv sein, da Sie alte und ungewollte Angewohnheiten ablegen und neue annehmen, die positiv für Sie sind. Nur Sie können entscheiden, ob sich der Aufwand lohnt.

Ein Langzeitvorteil ist, dass Sie Ihre Angst jedes Mal, wenn Sie mit dem Kugelschreiber schreiben, vermindern. Wenn Sie den Stift über das Blatt Papier bewegen, tun Sie mehr als nur zu schreiben: Sie setzen sich standhaft dafür ein, ein engagierter Beteiligter in Ihrem eigenen Leben zu sein und dafür auch die volle Verantwortung zu übernehmen. Was für eine Freiheit!

13. NEIGUNGSRICHTUNG

Die Richtung, in die sich Ihre Handschrift neigt, sagt vieles aus. Wenn Sie sich Ihre ansehen, wie würden Sie sie bezeichnen? Da die Neigung ein wichtiger Faktor in der Handschrift ist, lassen Sie mich hier Beispiele geben, um es eindeutig zu machen.

Dies ist eine linksgerichtete (rückwärts) Neigung: rückwärts

Dies ist eine gerade Neigung: gerade

Dies ist eine rechtsgerichtete (vorwärts) Neigung: vorwärts

Ihre muss nicht genau in eine dieser extremen Kategorien fallen, da jedes dieser Beispiele ein Extrem darstellt, Aber so können Sie sehen, was ich meine, wenn ich mich auf eine bestimmte Neigung beziehe.

Vergleichen Sie die Neigung Ihrer Handschrift mit der Haltung, mit der Sie durch das Leben gehen. Wenn Sie sich nach hinten lehnen, können Sie nicht sonderlich schnell rennen. Wenn Sie aufrecht stehen, haben Sie eine 360-Grad-Sicht auf alles. Wenn Sie sich zu weit nach vorne beugen, fallen Sie aufs Gesicht. Verwenden Sie diese Beschreibung nur als Richtlinie. Denn wenn Sie andere Muster in der jeweiligen Handschrift betrachten, können sich die Schlussfolgerungen ändern.

Linksgerichtete oder Rückwärtsneigung

Lassen Sie mich hier erst einmal mit einem Mythos aufräumen. Uns wurde immer gesagt, dass, eine ausgesprochene Linksneigung auf einen Linkshänder hindeutet. Dem ist einfach nicht so.

Ich habe die Handschriften von Abertausenden von Rechtshändern gesehen, die mit eindeutiger Rückwärtsneigung geschrieben haben. Ich habe die Handschriften von Abertausenden von Linkshändern gesehen, deren Schrift sich deutlich nach rechts lehnt.

Leider wurde vielen Linkshändern beigebracht, beim Schreiben ihren Arm und ihre Hand um die Oberkante des Blattes zu beugen, sodass sie von links nach rechts schreiben können. Linkshänder können diese gymnastische Meisterleistung leicht umgehen, indem sie das Blatt in die entgegengesetzte Richtung drehen  legen und die Neigung des Blattes leicht verschieben.

Eine linksgerichtete Neigung ist jegliche Neigung, die die Handschrift so aussehen lässt, als ob sie sich nach hinten lehnte. Es kann leicht sein, es kann mittelstark ausgeprägt sein, es kann so extrem wie in dem Beispiel auf der vorhergehenden Seite sein. Ein Schreiber mit einer durchgängigen Rückwärtsneigung ist jemand, der – aus welchen Gründen auch immer – davor zurückschreckt, sich in der Welt authentisch auszudrücken.

Diese Schreiber können kontaktfreudig sein, sie können zurückgezogen und ruhig sein oder sich irgendwo zwischen diesen beiden

Extremen befinden. Diese Neigung weist auf jemanden hin, der sich selbst und dem gegenüber, was er im Leben möchte, nicht ehrlich sein kann. Er mag sich vielleicht im tiefsten Inneren darüber bewusst sein, aber er überdeckt es mit Schichten aus Angst und Resignation. Er ist nicht unehrlich; er hält zurück.

Vor Jahren traf ich eine Prozessanwältin, die im Gerichtssaal eine wahre Kämpferin war. Ihr Fachgebiet war Familienrecht. Sie hatte es sich zur Aufgabe gemacht, Kinder, die in eine unschöne Scheidungsschlacht hineingezogen wurden, davor zu beschützen, in diesem Kampf missbraucht zu werden; sie verteidigte die Kinder wie eine Bärenmutter ihre Jungen.

Nach einem besonders stressigen Fall schrieb sie mir eine Nachricht. Ich hatte zuvor noch nie ihre Handschrift gesehen. Als ich mir die Absenderadresse auf dem Umschlag ansah, war mein erster Gedanke „Ich frage mich, wer noch in Brigettes Haus wohnt." Ich öffnete das Kuvert und nahm den handgeschriebenen Brief heraus. Er war von Brigette selbst. Ich war schockiert. Die Schrift war so extrem nach links geneigt, dass ich tatsächlich nach unten langen und sie aufrichten wollte, bevor sie nach hinten purzelt. Ich habe sehr wenige Handschriften gesehen, die so extrem waren wie ihre. Aufgrund ihrer offenen Persönlichkeit und ihres Könnens und Engagements bei Gericht war ich verblüfft.

Als ich mir dann all ihre Schreibmuster ansah, wusste ich, was hier vor sich ging. Sie liebt Kinder – liebt sie wirklich. Mehr als das sah ich auch, dass sie eine tiefe Verpflichtung ihnen gegenüber empfand. Neben ihrer brillanten, professionellen und redegewandten Persönlichkeit zeigte ihre Handschrift aber auch, dass sie jede Menge Verspieltheit, Verschmitztheit und Unschuld in sich trug. Tief innen drinnen war sie ein unglaublich kreatives Kind. Und ich sah auch, dass sie eine geborene Lehrerin war.

Einige Wochen später trafen wir uns zum Mittagessen. Mitten beim Essen frage ich sie dann unverblümt: „Brigette, warum bist du Anwältin?“ Sie legte ihre Gabel nieder und schaute perplex auf. „Was genau meinst du?“, antwortete sie und schaut mir dabei in die Augen. Ihre Mundwinkel zeigten den Ansatz eines verschmitzten Lächelns. „Denkst du, dass ich nicht gut in dem bin, was ich tue?“

„Ganz im Gegenteil – du bist hervorragend in dem, was du tust. Wenn ich Anwältin wäre, hätte ich auch gerne den gleichen Eifer, das gleiche Engagement und die gleichen ethischen Werte wie du. Aber wenn ich deine Schreibmuster anschaue, sehe ich, dass du Kinder lieber unterrichten, als sie retten würdest. So, zurück zu meiner ursprünglichen Frage: Warum bist du Anwältin?“

Mit einem trockenen Lachen antwortet sie: „Schau, Vimala. Mein Vater ist Anwalt. Meine Mutter ist Anwältin. Zwei meiner Brüder sind Anwälte. Meine Schwester studiert Jura. Ein weiterer Bruder – das schwarze Schaf – ist Arzt. Ich hatte keine Wahl.“ Ihre Antwort lies uns beide bei der sachlichen Unsinnigkeit ihrer Aussage auflachen. Ihre letzten Worte „Und nein, erzähl mir nicht, ich soll meine Handschrift ändern!“ beendeten diesen Teil unseres Gesprächs.

Zwei Jahre später kam eine Tragödie über Brigettes Familie und alles, was sie liebte, fiel auseinander. Als die Trauer nachlies, realisierte sie, dass das *ihr* Leben war und sie alleine dafür verantwortlich ist, wie sie es lebt. Um es kurz zu machen: Sie ging wieder an die Universität, studierte auf Lehramt für Grundschulen und wird nun von allen Eltern der Kinder, die sie unterrichtet, gelobt. Als sich ihre Einstellung änderte, änderte sich auch automatisch ihre Handschrift. Jetzt ist sie gerade, geweitet und klar; ihre Unterschrift gibt ein klares Statement ab, wer sie innerlich wie äußerlich ist.

Gerade Neigung

Eine Handschrift, die oben wie unten gerade erscheint mit nur einer leichten Neigung wird als gerade bezeichnet. Trifft das auf Ihre Schrift zu?

Wenn Ihre Schrift in ca. 75% aller Fälle gerade ist, tendieren Sie dazu, erst zu denken und dann zu handeln. Sie überlegen etwas hin und her, bevor Sie auf den Zug eines anderen aufspringen, und behalten Ihre Meinung für sich. Menschen, die mit einer geraden Druckschrift schreiben, sind oftmals Ingenieure, Grafikdesigner, Schriftsteller oder in einem Bereich tätig, der ein klares, kreatives Denken erfordert. Sie können gut Dinge zusammensetzen.

Bei der Neigung ist es besonders wichtig daran zu denken, dass sie nur ein kleines Puzzleteil ist. Um das gesamte Bild zu sehen, muss jedes Teilchen mit dem nächsten verbunden werden.

Rechtsgerichtete oder Vorwärtsneigung

Wenn Sie sich Ihre Handschrift angeschaut und gelacht haben, weil absolut kein Zweifel daran besteht, dass Ihre Schrift nach vorn geneigt ist, dann kann man von einer ausgeprägten Vorwärtsneigung sprechen. Wenn Sie sich Ihre Handschrift genau ansehen mussten, um herauszufinden, ob sie sich wirklich die meiste Zeit nach rechts neigt, dann handelt es sich um eine moderate Vorwärtsneigung. Wenn sie sich irgendwo zwischen gerade und fast rechtsgerichtet befindet, dann haben Sie eine leichte Vorwärtsneigung.

Der Grad der Vorwärtsneigung ist direkt mit Ihrer Reaktionsfähigkeit in allen Situationen im Leben verbunden. Wenn sich Ihre Schrift stark nach rechts – *stark* nach rechts – neigt, reagieren Sie eher, als zu agieren. Sie sind vielleicht zu sehr damit beschäftig, auf Menschen und Situationen zu reagieren, so dass Ihnen wertvolle Feinheiten unbemerkt entgehen, die aber wichtig gewesen wären, um eine vernünftige Entscheidung zu treffen. Extreme in der Handschrift haben dieselbe Auswirkung wie Extreme im Leben: Sie verhindern eine klare Sicht.

Als jemand mit einer extrem rechtsgeneigten Schrift verschreiben Sie sich vielleicht einer Sache oder unterstützen Gruppen, an die Sie glauben, mit voller Energie. Sie tendieren dazu, Menschen

– und manchmal Sachen – oberflächlich und ohne viel nachzufragen zu bewerten. In Ihrer Überschwänglichkeit werden Sie oft von anderen überrumpelt oder regelmäßig ausgenutzt. Es sind diese Nuancen, diese subtilen Energien, auf die Sie nicht geachtet haben, als Sie mental vorgeprescht sind. Nuancen, die Sie darauf aufmerksam gemacht hätten, was wirklich vor sich geht. Sie waren so sehr damit beschäftigt, zu reagieren, dass Sie es nicht bemerkt haben.

Wenn sich dies vertraut anhört, dann sollten Sie sich vielleicht darauf konzentrieren, Ihre Schrift etwas aufrechter zu gestalten. Nicht so, dass sie gerade ist, sondern leicht rechts davon. Nur ganz leicht.

Moderate Rechtsneigung

Wenn sich Ihre Vorwärtsneigung zwar nach rechts neigt, aber etwas weniger als der gerade besprochene Extremfall, dann reagieren Sie vielleicht auch nur, aber doch nicht sofort oder so stark wie gerade oben beschrieben.

Leichte Rechtsneigung

Wenn sich Ihre Vorwärtsneigung ganz leicht rechts von einer geraden Neigung befindet, würde ich Ihnen vorschlagen, es genauso zu belassen. Das könnte man als eine ideale Neigung bezeichnen. Diese bestimmte Neigung zeichnet einen ausgeglichenen Schreiber aus, der weder dazu tendiert, etwas zurückzuhalten, noch zu explodieren, sondern meistens einfach in der Mitte bleibt.

Bitte denken Sie daran, dass die Schriftneigung nur ein Teil Ihrer Handschrift ist. Der Rest Ihrer Persönlichkeit kommt zum Vorschein, wenn Sie den Schreibdruck, die Ränder und die anderen Tausende von kleinen Teilchen untersuchen. Alle Teile müssen in Betracht gezogen werden.

14. GLEICHGEWICHT IN DEN SCHREIBLÄNGEN

Im handschriftlichen Schreiben gibt es drei Längen: die Oberlänge, die Mittellänge und die Unterlänge. Wenn Sie sich diese Abbildung ansehen, verstehen Sie genau, wofür jede Einzelne steht.

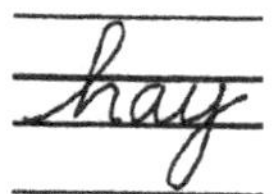

In jeder Länge lebt ein Teil von uns. In der Oberlänge sitzen unsere Gedanken, Glaubenssätze, Philosophien, kreativen Ideen und unser Wissen – das ist der geistige Bereich. Die Mittellänge steht für das alltägliche Leben, unsere Grundlinie sozusagen.

Stellen Sie sich vor, die zwei mittleren Striche wären Eisenbahnschienen. Dazwischen, in der Mittellänge, führen wir unser tägliches Leben: Schnürsenkel binden, Auto fahren, Haare bürsten und andere banale Aktivitäten.

Die Unterlänge steht für unsere Beziehungen und unsere Sexualität. Zudem symbolisiert sie unser Bedürfnis nach Bewegung und Veränderung und wie stark wir projektorientiert sind. Es zeigt auch an, ob wir viele oder wenige Freunde brauchen oder sogar die Einsamkeit bevorzugen.

Es ist offensichtlich, dass diese Längen ein ziemlich wichtiger Teil unserer Handschrift sind und das, wofür sie stehen, ein ziemlich wichtiger Teil unseres Lebens ist. Lassen Sie uns oben beginnen.

Oberlänge

Gedanken, Glaubenssätze, Ideen, Kreativität und Philosophie leben in der Oberlänge. Alles, was sich in gedanklicher Form bewegt, ist hier zuhause. Je mehr Sie darin leben, desto größer oder voller wird sie sein.

Große Oberlänge

Wenn Sie viel in Ihrem Kopf leben oder gerne lernen oder lieber über Beziehungen *nachdenken,* als in einer zu *sein*, dann wird Ihre Oberlänge eher größer ausfallen. Eine extrem große Oberlänge – dreifach oder noch höher als die Mittellänge – weißt auf eine Person hin, die sich selbst aufgrund ihres Wissens, ihrer Vorstellungen oder ihres Berufs von anderen Menschen abkapselt. Ein recht einsamer Ort. Eine ausgewogene Oberlänge ist ungefähr zwei bis zweieinhalb Mal so hoch wie die Mittellänge.

Angemessene Oberlänge

Wenn Ihre Oberlänge nur etwas höher als die Mittellänge ist, heißt das nicht, dass Sie nicht intelligent sind oder dass Sie nicht wunderbar über Dinge nachdenken können. Es bedeutet lediglich, dass Ihre Aufmerksamkeit mehr auf die Aktivitäten der Mittellänge statt die der Oberlänge gerichtet ist.

Verschwindende Oberlänge

Wenn Ihre Oberlänge fast vollständig fehlt oder Aufstriche scheinbar in der Mittellänge versinken und kaum hervorstehen und das Gleiche auch auf Ihre Unterlänge zutrifft, ist all Ihre Aufmerksamkeit auf die Mittellänge gerichtet.

Ein perfektes Beispiel einer auf die Mittellänge fokussierten Handschrift ist die von Mädchen im Teenageralter. Oftmals ist ihre Schrift rundlich, fast ausschließlich in der Mittellänge und berührt kaum die Ober- oder Unterlänge. Eine Schrift wie diese weist auf eine vollständige Vertiefung in die Aktivitäten der Mittellänge hin. Fragen, die diese Art von Schreiber stellen würde, sind: „Habe ich das Richtige gesagt?“, „Mag er mich auch wirklich?“, „Steht mir diese Farbe gut?“ Sie konzentrieren sich alle auf das Hier-und-jetzt-Bewusstsein eines Mittellängendenkers.

Für Teenager ist dies relativ normal; sie befinden sich in der pubertären Phase der Selbstfindung. Wenn Ihre Schrift aber so aussieht und

Sie die Teenager-Zeit bereits hinter sich haben, sollten Sie vielleicht damit beginnen, Ihre Schrift etwas weiter nach oben und unten zu strecken. So geben Sie sich selbst einen Schubs in die anderen Längen, um schrittweise herauszufinden, was die in Ihnen aktivieren könnten. Beim Erweitern Ihrer Schrift in die anderen Längen hinein beginnen Sie zu erforschen, was diese für Sie bereithalten.

Unterlänge

Die Unterlänge ist bis an den Rand mit Informationen gefüllt. Sie zeigt, wo wir aktiv sind – oder eben nicht. Wir erkennen hier, wie sehr wir unsere Energien aus der Mittel- und Oberlänge in die Tat umsetzen. Es ist der Bereich der Aktivität, der Projektorientierung, der Beziehungen und der Sexualität. In der Unterlänge können Sie nichts verstecken. Die ideale Unterlänge ist ungefähr zwei bis zweieinhalb Mal so groß wie die Mittellänge.

Wenn Sie viele großartige Ideen haben, aber an der Umsetzung scheitern, verlängern Sie Ihre Unterlänge und schreiben Sie großzügige Schlaufen – nicht extrem, aber großzügig. Ungefähr so:

Diese Art von Schlaufen wird Ihnen dabei helfen, sich in Ihrem Sexualleben mehr auszudrücken, denn sie reißen Barrieren nieder, sodass Sie ganz natürlich Ihren Gefühlen entsprechend handeln. Etwas mehr Druck auf dem Stift wird Ihnen ebenfalls dabei helfen, denn je kräftiger der Druck ist, desto intensiver ist der Energieeinsatz.

15. SCHLAUFEN

Schlaufen in der Handschrift sind wie Behälter. Was sie beinhalten, hängt davon ab, wo sie vorkommen. Manchmal spiegeln Schlaufen eine positive, vorwärts gerichtete Einstellung wider und manchmal weisen sie auf Einstellungen hin, die den Schreiber zurückhalten.

Zu Beginn des Kapitels habe ich gesagt, wie wichtig es ist, daran zu denken, dass so ziemlich alle Striche in der Handschrift eine positive und eine negative Bedeutung haben. Schlaufen sind das beste Beispiel dafür.

Schlaufen in der Oberlänge

Schlaufen in der Oberlänge kommen häufig in den Buchstaben *d*, *h*, *l*, *f*, *t* vor und in den Buchstaben *k* und *b*. Die einzigen Buchstaben, in denen Schlaufen in der Oberlänge erstrebenswert sind, sind *h*, *l* und *f*. Wenn Sie noch das etwas altmodische kleine *k* und *b* schreiben, empfehle ich Ihnen, sie von jetzt an wie im *Vimala-Alphabet* zu schreiben: *k*, *b*. Dies kann Ihnen dabei helfen, das Leben unter einem neuen Blickwinkel zu betrachten und Hindernisse, die Sie vielleicht gar nicht wahrgenommen haben, aus dem Weg zu räumen.

Wenn Sie Schlaufen im geraden Strich Ihres kleinen *d* und *t* entdecken, achten Sie in Zukunft beim Schreiben darauf und entfernen Sie sie nach und nach. Ich werde auf diese bestimmten Schlaufen im Kapitel 4 näher eingehen. Aber lassen Sie uns vorerst auf die Schlaufen im kleinen *h*, *l* und *f* konzentrieren.

Das ideale *h*, *l* und *f* schaut folgendermaßen aus: schlank und groß und es beginnt und endet auf der Grundlinie. Es ist wichtig, dass Sie jeden dieser Punkte im Gedächtnis behalten. Wenn die Schlaufen mehr als zweieinhalb Mal so hoch sind wie die Mittellänge, sind sie nicht im Gleichgewicht. Das Gleiche gilt für Schlaufen, die entweder übermäßig groß und aufgeblasen oder das Gegenteil sind, also in sich zusammenfallen.

Reduzierte Schlaufen in der Oberlänge

Wenn Sie die Schlaufen *h l f* so schreiben, halten Sie einen wertvollen Teil von sich selbst zurück – Ihre Ideen, Ihre Glaubenssätze, Ihre Träume, wie Ihr Leben aussehen könnte. Erinnern Sie sich? Diese Dinge sind in der Oberlänge angesiedelt. Eine Schlaufe in der Oberlänge, die atmet, erlaubt der dort beheimateten Energie, ungehindert hinein- und hinauszufließen. Wenn sie zusammengepresst ist, wird die Luftzufuhr abgeschnitten.

Wenn Sie sich dabei ertappen, wie Sie eine obere Schlaufe zusammenpressen, überschreiben Sie sie einfach und dehnen Sie sie diesmal aus; das wird einen enormen Unterschied machen.

Übertrieben große Schlaufen in der Oberlänge

Wenn Sie durchgehend extrem große Schlaufen in den Buchstaben *h l f* schreiben, haben Angst und Sorgen Sie in eine Scheinwelt getrieben, und Sie finden es vielleicht schwierig, ein normales, alltägliches Leben zu führen. Ihre bevorzugte Welt besteht aus Fantasien und Vorstellungen. Wenn Sie Talent zum Schreiben haben, sollten Sie vielleicht darüber nachdenken, einen Schauerroman, Science-Fiction oder abenteuerliche Kindergeschichten zu schreiben. Sie wären ein Naturtalent. Die oberen Schlaufen etwas enger zu schreiben, wird Ihnen dabei helfen, Ihre Ideen in die Realität umzusetzen.

Schlaufen in der Mittellänge

Aufgrund ihrer bestimmten runden Form kommen die Schlaufen in der Mittellänge, die wir hier behandeln, besonders in den Buchstaben *a, o, d, g* und *q* vor, die fünf wichtigsten Buchstaben im Alphabet.

Und wie Sie wissen, sind Schlaufen Behälter. In den Buchstaben *a, o, d, g* und *q* können sie in der Mittellänge an verschiedenen Stellen vorkommen. Am häufigsten sind sie im Inneren des

Kreises auf der linken oder rechten Seite , manchmal auch an beiden Seiten . Sie können sich auch überschneiden und dann eine dritte Schlaufe im Inneren formen. Keine dieser Schlaufen ist erstrebenswert. Auch die Art von Schlaufe, die den Buchstaben vollständig umkreist wie oder ist nicht wünschenswert.

Wenn Schlaufen wie diese vorkommen, deuten sie auf versteckte Informationen und Fakten hin, die Sie bewusst nicht offen darlegen; etwas, das Sie ganz bewusst verschweigen. Es ist wichtig, dass die Ovale der Buchstaben a, o, d, g und q ausgedehnt und ordentlich sind, ohne irgendwelche Schlaufen innen oder ringsherum.

Hin und wieder finden Sie vielleicht ein oder zwei dieser Formationen in Ihrer Handschrift. Keine Panik. Seien Sie sich dessen beim Schreiben einfach bewusst und ändern Sie diese, wenn Sie sie entdecken. Erinnern Sie sich an die Edle Wahrheit Nummer Zwei: Die Häufigkeit, mit der ein Schreibmuster in Ihrem Schriftbild auftritt, entspricht der Häufigkeit, mit der die Eigenschaft, für die es steht, sich in Ihrem Leben zeigt.

Wenn Sie diese inneren Schlaufen durchgehend in Ihrer Handschrift sehen, sollten Sie sich ein paar Gedanken machen. Wenn Sie Informationen über sich oder andere verheimlichen, ist es unmöglich, offen zu sein. Nicht nur das, denn wenn Sie es für nötig halten, Informationen zurückzuhalten, verbiegen Sie sich selbst zu einem gewissen Grad. Dies wird oft von Schuld oder Schamgefühlen begleitet, was sich nicht nur auf Ihre Beziehungen, sondern auch auf Ihre Gesundheit negativ auswirken kann.

Meine absolute Lieblingsstory über Schlaufen im Inneren ist folgende: Vor etlichen Jahren erhielt ich einen handgeschriebenen Brief mit der Bitte, ihn zu analysieren. Ich werde die Verfasserin Marissa nennen. In ihrer Handschrift waren überall in der Mittellänge Schlaufen im Inneren. Überall. Als ich mir ihre Schrift genau ansah, bemerkte ich, dass die Verfasserin Geheimnisse von vor vielen, vielen Jahren zurückhielt; Geheimnisse, die sie sich nicht zu erzählen traute – aus Angst, jeden Freund, den sie je hatte, zu verlieren. Ich analysierte den Brief und schickte ihn an sie zurück. Tage darauf bekam ich einen Anruf. Es war Marissa.

„Woher wussten Sie all das, was Sie mir geschrieben haben?“, war ihre erste Frage. „Es ist alles in Ihrer Handschrift, Marissa, es ist alles in Ihrer Handschrift“, war meine Antwort. Ihre Reaktion war schroff: „Nein. Sie müssen mich vor irgendwoher kennen. Sie *müssen* einfach.“ Nach ein paar Minuten konnten wir sichergehen, dass wir uns noch nie zuvor begegnet waren. Sie las ein paar Zeilen aus der Analyse vor und stoppte. Sie weinte. „Woher konnten Sie das wissen? *Keiner* weiß das.“

Wir beschlossen, uns zu treffen. Sie kam am nächsten Tag in mein Büro und erzählte mir die folgende Story. Jung und unschuldig waren sie und Harvey, als sie im Zweiten Weltkrieg als Teenager heirateten. Als Soldat musste er nur wenige Wochen nach der Hochzeit in den Krieg ziehen. Oftmals erreichten seine Briefe Marissa wochenlang nicht und sie war verzweifelt und einsam. Daraus ergab sich, dass sie einen One-Night-Stand mit einem Mann hatte, dessen Namen sie nicht mal mehr weiß. Es geschah nur ein einziges Mal. Sie erzählte niemanden davon.

Harvey kehrte zurück, sie hatten Kinder und leben fast glücklich bis ans Ende ihres Lebens. Das „fast“ war ihre geheime Affäre und die plagende Frage: „Was würde passieren, wenn Harvey es jemals herausfände?“ Als sie ihre Geschichte zu Ende erzählt hatte, machte ich ihr einen Vorschlag. „Um sich von dieser beschwerenden Schuld zu befreien, warum machen Sie nicht die folgenden zwei Dinge: Erstens beseitigen Sie alle Schlaufen im Inneren ihrer runden Buchstaben in der Mittellänge. Das wird Ihnen dabei helfen, offen und ehrlich zu sein. Und zweitens erzählen Sie Harvey, was passiert ist. Das ist über 35 Jahre her und außerdem lieben Sie beide sich doch so sehr.“

„Oh, das kann ich ihm nicht erzählen, Vimala. Das kann ich einfach nicht! Ich werde die Schreibübungen machen, aber ich kann es ihm einfach nicht erzählen“, antwortete sie mir. Wir redeten noch eine Weile und sie ging.

Drei Wochen später erhielt ich einen Anruf. Es war Marissa. „Vimala, Sie werden nie glauben, was geschehen ist. Sie werden es nie erraten. Ich habe meine Schreibübungen jeden Tag, so wie Sie es empfohlen haben, gemacht – keine Schlaufen im Inneren mehr. Ich habe Ihnen heute einen Brief geschickt, sodass Sie es sehen können. Aber deshalb rufe ich nicht an.“ Sie war ganz offensichtlich aufgeregt. „Letzte Nacht habe ich mich entschlossen, Harvey mein Geheimnis zu erzählen. Sie hatten recht. Ich konnte es einfach nicht länger für mich behalten. Ich weiß nicht, ob es an den Änderungen in meiner Handschrift lag, die mich dazu veranlasst haben, oder ob ich einfach genug hatte. Ich konnte mein Schamgefühl einfach nicht mehr länger geheim halten.

Ich habe ihm sein Lieblingsessen gekocht und wir hatten ein Abendessen bei Kerzenschein. Ich sagte ihm, dass heute Abend etwas Besonderes sei, denn ich müsse ihm etwas mitteilen. Und so schwer es mir auch fiel, erzählte ich ihm beim Abendessen, was passiert war und wie schrecklich ich mich all die Jahre deswegen gefühlt hatte ... und frage ihn, ob er mir vergeben würde.“ Sie machte eine Pause.

„Und wissen Sie, was er tat, Vimala? Er saß einfach nur da, ohne schockiert oder überrascht zu sein. Dann lächelte er. Er setzte seine Ellbogen auf den Tisch, legte sein Kinn in seine Hände und lehnte sich zu mir. „Marissa, mein Schatz, ich wusste das über 30 Jahre lang. Ich wollte *dich* nicht wissen lassen, dass ich es weiß, da ich Angst hatte, dass es unserer Beziehung schaden könnte ... und ich liebe dich viel zu sehr dafür.“

Als sie am nächsten Morgen in meinem Büro vorbeikamen, um sich zu bedanken, hatten leuchteten ihre Augen wie die von Frischvermählten.

Schlaufen in der Unterlänge

Schlaufen in der Unterlänge treten in allen Formen und Größen auf, eine für jede Persönlichkeit. Sie stehen für Beziehungen, Bewegung, Sexualität und Veränderung. Wie weit der nach *unten gerichtete Strich* in die Unterlänge reicht, zeigt die Ausdauer des Schreibers an; wie viel Energie er gewillt ist, in die Entwicklung einer Beziehung oder eines Projekts zu investieren. Die Breite und Größe einer Schlaufe in der Unterlänge weisen auf das Energiepotenzial hin, das sie enthält.

Die ideale Schlaufe in der Unterlänge schaut so aus: g, q, y, j, f. Jede dieser Schlaufen ist ausgeglichen, wenn sie dieselbe Breite wie die Formation in der Mittellänge hat und zweimal so lang ist.

Untere Schlaufen, die zusammengepresst sind (q y j z), spiegeln zurückgehaltene Energie, Verdrängung oder Verweigerung wider. Sie zeigen uns auch, dass der Schreiber bei der Wahl seiner Freundschaften wählerisch ist.

Wenn untere Schlaufen übermäßig groß sind (g y j z), kann das vieles bedeuten. Es kann auf das Ausleben oder die Unterdrückung der Sexualität, ein überfälliges Bedürfnis nach Veränderung oder ein angeborenes Bedürfnis nach körperlicher Bewegung hinweisen. Die gleiche Schlaufe zeigt verschiedene Denkweisen auf. *Besonders* bei Schlaufen in der Unterlänge ist es extrem wichtig, das gesamte Schriftbild zu analysieren, bevor man ihre Bedeutung bewertet. Man muss immer im Hinterkopf behalten, dass eine Schlaufe nur ein Teil eines komplexen Puzzles namens menschliche Psyche ist.

Bei vielen großen Schlaufen in der Unterlänge in der Schreibprobe ist es leicht zu sagen: „Diese Person hat unterdrückte sexuelle Bedürfnisse", wenn sie in Wahrheit einfach zu lange den immer gleichen Job gemacht hat, verzweifelt aus einer Beziehung rausmöchte oder ihr Körper nach sportlicher Aktivität schreit. Die Schlaufe wird in all diesen Fällen gleich aussehen, daher braucht man den Rest der Handschrift, um die ganze Story zu entschlüsseln.

Eine untere Schlaufe, die immer kurz oder kurz und schmal ist, ist ein Hinweis auf Schreiber, die sich darauf konzentrieren, ihre Ziele mit möglichst wenig Energieaufwand zu erreichen. Sie interessieren sich nicht für Small Talk und ziehen eine Diskussion niemals in die Länge. Sie kommen gern schnell ans Ziel.

Wenn Sie bei der Arbeit oft längere Meetings ansetzen müssen und die Teilnehmer murren, dass hier Zeit verschwendet werde, suchen Sie nach jemandem in Ihrem Team, der sich gut ausdrücken kann, der ein Meeting leiten könnte und der mit kurzen unteren Schlaufen schreibt. Dann übergeben Sie ihm die Agenda für das nächste Meeting, geben eine Zeit vor und übertragen ihm die Verantwortung für das Meeting. Das Ergebnis wird Sie vermutlich in Staunen versetzen: Ein üblicherweise zweistündiges Meeting kann in knapp einer Stunde abgehandelt werden und dabei werden auch noch alle Punkte besprochen.

16. WINKEL UND BÖGEN

Schauen Sie sich Ihre Schreibprobe an. Finden Sie mehr Winkel als Bögen? Mehr Bögen als Winkel? Oder eine ausgewogene Mischung aus beiden?

Winkel

Winkel stehen für Analyse und Wahrnehmung; sie weisen auf eine Tendenz zu mehr geistigen als sozialen Attributen hin. Wenn Sie sich den ganzen Tag mit Ideen beschäftigen oder es lieben, Fakten und Informationen, auch über Ihre Beziehungen, herauszufinden, haben Sie mehr Winkel als Bögen in Ihrer Handschrift.

Winkel an der Mittellinie

Wenn die Winkel hauptsächlich an der Mittellinie (*u*) auftauchen, verbringt Ihr Geist viel Zeit damit, in der Oberlänge nach

Antworten zu suchen. Stellen Sie sich diese Art von Winkel als einen Laser vor, der in den mentalen Bereich schießt.

Winkel auf der Grundlinie

Wenn Sie mehr Winkel auf der Grundlinie als an der Mittellinie (n) finden, lieben Sie es, Ideen zu zerlegen, sie zu analysieren und in einer komplett neuen Form wieder zusammenzusetzen, bevor Sie mit ihnen fertig sind. Sie tendieren dazu, Dinge zu erfinden, zu entdecken, ein Vorreiter zu sein – vorausgesetzt, der Rest Ihres Schriftbilds unterstützt diese Eigenschaft ebenfalls.

Winkel an der Mittellinie und auf der Grundlinie der Mittellänge

Wenn Sie sowohl oben als auch unten an der Mittellänge mit Winkeln schreiben, sind Sie nicht nur dazu angetrieben, Antworten zu finden, sondern diese auch zu analysieren. Viele Schreiber mit diesen Eigenschaften arbeiten in Bereichen, in denen Geräusche und Energie eine wichtige Rolle spielen – Tontechniker und Erfinder zum Beispiel.

Die Tontechniker, mit denen ich zusammengearbeitet habe, haben ein besseres Hörvermögen als die meisten Menschen und können Geräusche auf eine Art interpretieren, die für andere ohne dieses feine Hörvermögen einfach nur erstaunlich ist. Sie leben im Bereich zwischen Verstand und Geist und finden es bestenfalls verwirrend, im alltäglichen Leben auf dem Boden zu stehen.

Nikola Tesla, ein berühmter Erfinder und Ingenieur, ist ein wunderbares Beispiel für einen Menschen mit einem frischen, klaren und analytischen Verstand. Er entwarf einen neuen Gegenstand zuerst im Kopf, ging ihn Stück für Stück im Geiste durch, baute ihn und setzte ihn in Bewegung. Wenn sein brillanter Verstand einen Fehler in der Funktionalität entdecke, verbesserte er ihn im Geiste, sodass das Gerät, wenn es zum ersten Mal gebaut wurde, auch sogleich fehlerfrei funktionierte. Hier ist ein Beispiel seiner Handschrift: winzig und überwiegend mit Winkeln, mit gerade genügend Bögen, um auf sein einfühlsames Wesen hinzuweisen.

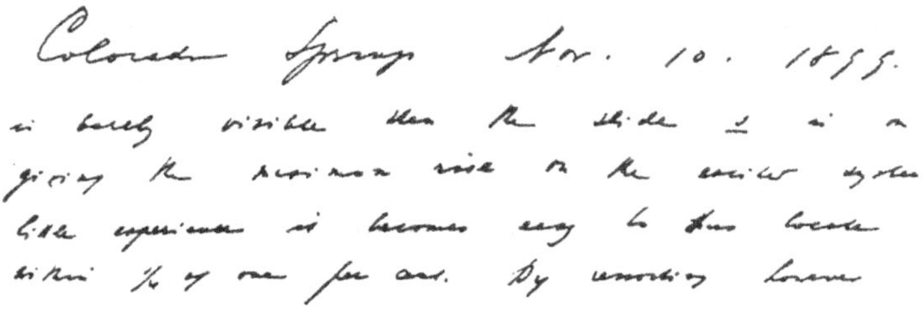

Da diese Kombination aus Winkeln Recherche und Analyse bedeutet, weisen auch Schreiber anderer Berufe diese Merkmale auf, etwa Finanzplaner, Ingenieure, Statistik-Analytiker und jeder, der geistigen Scharfsinn und die Fähigkeit, Daten zu analysieren, besitzt.

Bögen

Beim Schreiben gibt es zwei Arten von Bögen: *Fü*ß*chen*, die so heißen, weil sie auch so aussehen (∪), und *Torbögen* (∩), auch wiederum, weil sie so aussehen.

Bögen sind genau wie ihre Form freundlich und weich. Wenn Sie in Ihrer Schrift mehr Bögen als Winkel habe, sind Sie mit hoher Wahrscheinlichkeit mehr der soziale als der geistige Typ, besonders wenn diese Bögen als Füßchen auf der Grundlinie erscheinen – zwischen Buchstaben und am Anfang und Ende eines Wortes.

Füßchen

Füßchen kommen am häufigsten auf der Grundlinie vor, um Buchstaben miteinander zu verbinden. Sie können auch bei Buchstaben wie Uu oder Ww vorkommen.

Um die Bedeutung eines Füßchens zu verstehen, stellen Sie sich eine Gruppe Menschen vor, die im Kreis stehen. Ein Füßchen ist die Form, die dabei entsteht, wenn jede Person ihre Hände zueinander hin ausstreckt. Füßchen sind sozial orientiert, sie sind freundlich. Sie sagen: „Komm, spiel mit mir."

Wenn Sie durchgehend Füßchen als Verbindungen haben und keinen einzigen Winkel auf der Grundlinie, sollten Sie hier und da mit einem Winkel schreiben. Es ist nicht verkehrt daran, freundlich zu sein – weiß der Himmel, die Welt braucht mehr warme und offenherzige Menschen –, aber wenn jede Verbindung ein Füßchen ist, besteht die Tendenz, die meisten Buchstaben miteinander zu verbinden. Und das ist eine Angewohnheit, die Ihre Intuition zurückhält.

Wenn Sie diese Tendenz in Ihrer Handschrift entdecken, achten Sie darauf, hin und wieder etwas Platz zwischen Ihren Buchstaben zu lassen und den einen oder anderen Winkel auf der Grundlinie zu verwenden, wann immer Sie gerade daran denken.

Diese einfache Veränderung lässt Sie erkennen, wann es angemessen ist, eine helfende Hand zu reichen, und wann es besser wäre, die Hände bei sich zu behalten. Der Winkel, die V-Form, steht für Differenzierung – die Fähigkeit, weise zu wählen.

Torbögen

Ein Torbogen kommt häufig beim Schreiben vor. Haben Sie einige in Ihrer Schreibprobe gefunden? Denken Sie bitte immer daran, dass wir versuchen, das Gleichgewicht zu halten. Ein paar sanfte Torbögen – wunderbar. Viele Torbögen oder gepresste Torbögen – aus dem Gleichgewicht.

Torbögen kommen meist ganz natürlich in den Buchstaben m, n und h vor. Sie stehen für eine Art elterliche Vorsicht, entweder sanft oder gezwungen. Um zu wissen, wofür sie stehen, ist es wichtig, sich den Rest des Schreibmusters anzusehen.

Torbögen, die in der Mittellänge eng zusammengeschrieben werden (m n h) können für eine extrem traditionelle Denkweise und das Bedürfnis stehen, Informationen methodisch

Schritt für Schritt zu verarbeiten. Wenn dies negativ und zwanghaft geschieht, kann es einen Geist widerspiegeln, der sich weiteren Ermittlungen und Nachforschungen verschlossen hat und alles mit dem Kommentar „Aber so haben wir das schon immer gemacht“ versiegelt. Von einer positiven Seite betrachtet kann so jemand, schreiben, der einen Beruf ausübt, der Genauigkeit verlangt, wie den eines Chirurgen.

Wenn Ihre Torbögen so aussehen, als klebten sie zusammen wie im vorhergehenden Beispiel, anstatt graziös und frei zu sein – *m*, *n*, *h* –, sollten Sie sie leicht auseinanderziehen und ihnen Platz zum Atmen geben. Diese drei Buchstaben sind in der Alphabet-Familie des Ehrens und des Ausdrucks zuhause. Damit ist gemeint, die eigenen Talente zu ehren und sie frei zum Ausdruck zu bringen. Vor allem ist es wichtig, dass Sie sie ein- und ausatmen lassen, lassen Sie sie atmen, geben Sie ihnen Auftrieb.

17. DRUCKSCHRIFT ODER SCHREIBSCHRIFT?

Dieser Abschnitt ist insbesondere Menschen mit Druckschrift gewidmet. Wenn Sie immer mit Druckschrift schreiben, lesen Sie sich diesen Abschnitt wieder und wieder und wieder durch, da er Sie ganz sanft von innen heraus öffnen und vielleicht sogar zum Durchbruch ihrer wohlgehüteten Talente führen kann.

Bei meiner Arbeit mit Handschriften habe ich festgestellt, dass Menschen mit Druckschrift oftmals talentierte, begabte und einfühlsame Menschen sind, die aus dem einen oder anderen Grund ihre Talente nicht offen anerkennen. Sie haben ihre wahren Gefühle so lange tief in sich vergraben, dass sie nicht länger mit ihnen in Kontakt sind; oftmals können sie die Angst, die sie dazu veranlasst hat, gar nicht mehr benennen.

Die Litanei von Druckschriftschreibern beginnt für gewöhnlich mit: „Ich schreibe in Druckschrift, weil keiner meine Schrift lesen kann." Immer, wenn ich das höre, werde ich hellhörig. Ich habe gelernt, dem, was auf „weil" folgt, argwöhnisch zu begegnen.

Ich lade Menschen mit Druckschrift – Sie, wenn Sie dazugehören – ein, sich Gedanken über die Tatsache zu machen, dass sie mit Druckschrift schreiben *und* keiner ihre Schrift lesen kann, und nicht *weil*. Es sei denn, sie haben feinmotorische Schwierigkeiten oder ihre Intelligenz liegt unter dem Durchschnitt – andernfalls ist die Unleserlichkeit nicht der Grund dafür, dass sie mit Druckschrift schreiben.

Druckschrift eine Art Selbstschutz. Dies gilt für viele andere Muster – Unleserlichkeit ist eines davon, aber keines ist so endgültig und eindeutig, wie mit Druckschrift zu schreiben. Es gibt zwei Arten von Druckschrift: mit Groß- und Kleinbuchstaben oder nur mit Großbuchstaben, was dann Blockschrift genannt wird. Jede ist auf ihre Weise wichtig.

Schreiben mit Groß- und Kleinbuchstaben

Diese Art von Druckschrift lernen wir in der Grundschule. Großbuchstaben werden am Anfang eines Satzes und an anderen angemessenen Stellen verwendet und dann gibt es noch die Kleinbuchstaben. Es sähe ziemlich so aus wie die Zeilen, die Sie gerade lesen. Dies wird Groß- und Kleindruckschrift genannt. Um es leichter zu machen, nennen wir es ab jetzt G&K-Druckschrift.

Die Druckschrift ist ein Schutzschild, der normalerweise von einer sensiblen Natur, die auf die eine oder andere Weise betrogen wurde und dies nicht wieder erleben möchte, hochgehalten wird. Druckschrift hält andere Menschen auf Distanz, indem sie eine deutliche Grenze schafft. Jemand, der mit G&K-Druckschrift schreibt, errichtet einen Zaun um sich herum, um seine Gefühle und sein Herz. Dieser Zaun erlaubt anderen, genau bis da zu kommen und nicht weiter. Wenn man jemanden kennenlernt, der so schreibt, wird man schnell erkennen, dass eine solche Barriere existiert.

Wenn Sie Ihre Kreativität voll und ganz nutzen möchten und Ihre Schreibweise in diese Kategorie fällt, fangen Sie damit an, hier und da ein oder zwei Buchstaben in einem Wort miteinander zu verbinden. Nehmen Sie diese Veränderung langsam und nicht zwanghaft an und beobachten Sie, welche Auswirkungen das auf Ihr tägliches Miteinander hat. Spielen Sie damit. Treten Sie einen Schritt zurück und schauen Sie, was passiert. Schreiben Sie es in Ihr Wundertagebuch.

Schreiben in Blockschrift

Jemand, der nur mit Großbuchstaben schreibt, wird Blockschreiber genannt. Da die erste Reaktion von Blockschreibern ist, defensiv zu werden, lesen Sie bitte, bitte weiter, wenn Sie in diese Kategorie fallen! Die nächsten paar Absätze können Ihre Zukunft auf eine positive, aufregende und dramatische Weise verändern. Denken Sie daran, dass ich Sie nicht persönlich kenne; nehmen Sie es also nicht persönlich.

Hier finden Sie nicht den Zaun, den G&K-Druckschrift-Schreiber errichten, hier finden Sie eine solide Mauer, dick und undurchdringlich. Die dahintersteckenden Verletzungen sind so schwer, der Betrug so tiefsitzend und es besteht solch ein starkes Bedürfnis nach Schutz, dass die Mauer wie ein Burgwall ist. Solange Sie in Blockschrift schreiben, werden Sie nie erfahren, wer Sie sind.

Oftmals befindet sich ein kreativer und künstlerischer Geist dahinter, der seine Talente nie authentisch und vollständig der Welt gegenüber ausgedrückt hat. Ich sage „seine", den ungefähr 90% aller Blockschreiber, denen ich begegnet bin, sind Männer.

Ein weiterer Verteidigungsmechanismus von Blockschreibern ist, sich mürrisch und egozentrisch nach außen hin zu geben. Sie können stürmisch, laut, arrogant, ungeduldig oder sogar schlichtweg unhöflich sein. Es ist alles Teil der Mauer, der Mörtel, der die Steine zusammenhält, ein Teil ihres Schutzes. Es ist nicht, wer sie wirklich tief in ihrem Inneren sind; es ist eine Abwehrmaßnahme, damit keiner die Traurigkeit, die hinter dieser Mauer liegt, sehen kann.

Polizisten und Feuerwehrmänner schreiben häufig nur in Großbuchstaben. Sie erzählen mir, dass sie die Formulare in der Arbeit nur mit Blockbuchstaben ausfüllen dürfen; etwas anderes wird nicht akzeptiert. O.k. Aber ein Memo, ein Brief oder Notizen in einem Meeting fallen nicht unter diese Regelung. Viele Beamte verwenden in Formularen Blockschrift und schreiben ihre andere Korrespondenz in ihrer Handschrift.

Viele Feuerwehrmänner und Polizisten schreiben ihre reguläre Korrespondenz in Blockschrift, weil es ihnen nicht möglich ist, in einem sicheren Umfeld zu erzählen, welche ihrer Erfahrungen sie persönlich betroffen haben. Nach außen hin schütteln sie es ab, aber ihre Druckschrift verrät, dass sie ihre Gefühle im Inneren mit einer Mauer schützen.

Bis ich einige Feuerwehrmänner selbst kennengelernt habe, waren das für mich Menschen, die in roten Feuerwehrautos fahren und Wasserschläuche auf brennende Gebäude richten. Aber glauben Sie mir: Feuerwehrleute sehen mindestens genauso viel Grauen wie Polizisten, vielleicht sogar mehr. Kleine Knirpse, die aus Versehen von einem LKW überfahren wurden; Kinder, die ersticken oder an Verbrennungen dritten Grades sterben; Frauen und Kinder, die von einem betrunken und tobenden Ehemann und Vater blutig und halb bewusstlos geschlagen wurden. Es ist nicht weiter verwunderlich, dass so viele von ihnen Blockschreiber sind.

Andere Blockschreiber haben Dinge erlebt, die sie dazu veranlasst haben, sich von jeglicher Intimität zu distanzieren und keinem anderen ihre Gefühle anzuvertrauen. Ein Beispiel könnte ein 13-jähriger Junge sein, der in ein Mädchen verliebt ist und seinem besten Freund davon erzählt mit der Bitte, es für sich zu behalten. Sein Freund beschließt, sich einen Spaß daraus zu machen, und erzählt es allen möglichen Leuten. Der verliebte Junge fühlt sich zutiefst verraten und beginnt kurz darauf, nur noch in Druckschrift zu schreiben. Es gibt so viele Geschichten dazu, wie es Blockschreiber gibt.

Um damit zu beginnen, Ihre Mauer auf eine sichere und unterstützende Art abzutragen, empfehle ich, dass Blockschreiber erst einmal schrittweise damit beginnen, Groß- und Kleinbuchstaben zu verwenden. So werden sanft und sicher die Steine der Mauer abgebaut und es wird Ihnen möglich sein, über die Mauer zu gucken und zu schauen, ob es auf der anderen Seite sicher ist. Sie sind immer noch geschützt, da Sie die Mauer langsam durch einen Zaun ersetzen, der, auch wenn er immer noch ein Schutz ist, auf andere weniger beängstigend wirkt.

Wenn Sie erst einmal auf diese Weise 40 Tage lang geschrieben haben, gehen Sie einen Schritt weiter und fangen damit an, hin und wieder Buchstaben miteinander zu verbinden – nicht alle, nur ein paar, hin und wieder. Wie ich schon den Schreibern von G&K-Druckschrift sagte: Spielen Sie damit und schauen Sie, wie viel freier Sie sich in Ihrem Inneren fühlen.

Bauen Sie den Schutzwall schrittweise ab – es besteht kein Grund, ihn mit Dynamit die Luft zu jagen. Fangen Sie langsam und sanft damit an, mit Druckschreibschrift zu schreiben. Wenn Sie dies durchgehend tun, lösen Sie sich von dem Bedürfnis, defensiv zu sein. Der wohl befreiendste Teil von allen ist, wenn Sie sich selbst die Möglichkeit geben, Ihre Talente, die Sie solange versteckt hatten, aufzufrischen, wiederzubeleben und auszudrücken. Nicht nur das – Ihr wahres Ich kann endlich herauskommen, ganz ohne Mauer.

Ein bekannter und bedeutender Manager, einer meiner Klienten, war lange Zeit Blockschreiber, und als er begann, zuerst in Groß- und Kleinbuchstaben und schließlich in Druckschreibschrift zu schreiben, sagte er lachend, dass ihm bei seinem neu gewonnen Gefühl der Freiheit, das in ihm aufstieg, fast schwindlig wurde.

18. DIE th-LIGATUR

Wie viele haben Sie in Ihrer Schreibprobe gefunden? Dieser kleine Strich ist wichtig für die Entwicklung und Erhaltung von flexiblen Beziehungen aller Art: persönliche, geschäftliche, finanzielle, spirituelle, alles Mögliche. Es steht für einen schnellen Denker, der von einem Konzept zum nächsten fließen kann, während er dabei offen und neugierig bleibt.

Wenn Sie viele th-Ligaturen in Ihrer Schreibprobe haben, behalten Sie sie bei. Es sind Ihre; Sie haben sie sich verdient. Vielleicht haben Sie auch festgestellt, dass Sie das t mit anderen darauffolgenden Buchstaben zu to, ti oder te verbinden. Auch wenn es nach wie vor einen frei fließenden Geist widerspiegelt, so hat es nicht die gleiche überwältigende positive Konnotation wie die th-Ligatur.

Warum? Weil der Querstrich in einen Buchstaben in die Mittellänge übergeht, und damit er dorthin fließen kann, muss er niedrig auf dem Aufstrich sitzen. Und das ist etwas, was Sie nicht haben wollen, denn der Querstrich beim t sitzt ganz oben auf dem Aufstrich. Wenn wir den Buchstaben t genauer besprechen, werden Sie sehen, warum.

Eine th-Ligatur, die Sie vermeiden sollten, sieht so aus: th. Sie wird Rundstrich-Ligatur genannt. Da der Querstrich beim t für Willensstärke steht und dieser eine eindeutige Kurve hat, sagt er Folgendes aus: „Ich weiß, dass ich klug und talentiert bin, aber ich weiß nicht, wohin ich damit gehe." Behalten Sie die Ligatur bei, aber ändern Sie den Querstrich in einen geraden, aufwärtsgerichteten Strich, der Absicht und Antrieb bedeutet. Im Nu werden Sie ein Gefühl für die richtige Richtung entwickeln.

19. IHRE UNTERSCHRIFT

Also! Wer sind Sie? Besser noch, wie möchten Sie, dass die Welt Sie sieht? Ihre Unterschrift ist ein wichtiger Hinweis auf die Identität, die Sie der Welt zeigen möchten. Ist sie groß oder klein? Ist sie unleserlich und leicht zu lesen? Kreisen Sie sie ein oder streichen Sie sie durch? Ist ein Name leicht zu lesen und der andere eher schwach und unscheinbar? Ist sie unterstrichen? Wenn Sie sich Ihre Schrift ansehen, können Sie sagen, dass die Unterschrift von derselben Person stammt?

Menschen, die selbstsicher, selbstständig, dem Leben und anderen gegenüber offen und auch offen gegenüber ihrem einzigartigen Ausdruck des Lebens sind, haben eine ausgeprägte, leserliche und ausgelassene Unterschrift. Auf den ersten Blick kann man klar erkennen, dass die Unterschrift und die Handschrift von ein und derselben Person geschrieben wurden.

Vergleichen Sie Ihre Handschrift mit Ihrer Unterschrift. Trifft all dies auf Sie zu? Wenn nicht, und wenn Sie es ausgleichen möchten, sind hier ein paar Dinge, die Sie in Betracht ziehen sollten.

Großbuchstaben sollten zwei bis zweieinhalb Mal so hoch wie ein Kleinbuchstabe sein, nicht mehr und nicht weniger. Was die Größe betrifft, wenn Sie dazu neigen, von persönlichen Interaktionen Abstand zu halten, und dies auch so beibehalten möchten, halten Sie Ihre Unterschrift klein. Wenn Sie gerne sozialer und kontaktfreudiger wären, dann schreiben Sie etwas größer.

Wenn Sie gerne etwas kontaktfreudiger wären und sich dabei wohl in Ihrer Haut fühlen wollen, unter Leuten sein und auch die Einsamkeit genießen möchten, sprechen und auch zuhören möchten, tanzen und auch beten möchten, dann sollten Sie alle Extreme in Ihrer Handschrift vermeiden, besonders in Ihrer Unterschrift.

Gehen Sie sicher, dass die Mittellänge leicht ausgedehnt ist. Damit meine ich weder zusammengepresst so wie jetzt noch übertrieben gedehnt wie hier.

Die Mittellänge ist der Bereich des täglichen Lebens, der Bereich der alltäglichen Aktivitäten im Leben. Indem Sie die Buchstaben in dieser Länge halbwegs gedehnt schreiben, erlauben Sie sich selbst, offen und ausdrucksvoll zu sein. Sie geben sich selbst Raum zum Atmen und auf ganz natürliche Weise, Sie selbst zu sein, und erlauben anderen, es ebenfalls zu sein.

Noch einmal: Halten Sie Ihre Längen in Balance. Somit werden alle Bereiche Ihres Lebens – spirituell, geistig, emotional und physisch – unterstützend, lebendig und voller Tatendrang sein. Ihre Beziehungen werden bedeutungsvoller und vielleicht stellen Sie ja auch fest, dass sowohl die Arbeit als auch die Freizeit von einem Gefühl der Anerkennung und Dankbarkeit erfüllt sind.

Ihren Namen oder Ihr Initial einzukreisen ist als wenn Sie sich selbst in einen Kokon setzten. Ihren Namen durchzustreichen ist, als Sie sich selbst durchstrichen.

Wenn Ihr Vorname klar und Ihr Nachname kaum zu lesen ist, gründen Sie Ihr Image auf Ihre persönliche Identität. Wenn Ihr Nachname leicht zu lesen und Ihr Vorname nahezu unleserlich ist, dann bedeutet das, dass Ihnen Ihre Herkunft wichtiger ist, als wer Sie als Individuum sind.

Wenn Sie Ihre Unterschrift gestalten, schreiben Sie unterstützende Buchstaben ohne Übertreibungen, verwirrendes Geschnörkel oder Verzierungen. Am besten halten Sie sie einfach, flüssig und eloquent.

Unterstreichen

Die Unterschrift zu unterstreichen ist ein schöner Schliff zum Abschluss – nicht nur fürs Aussehen, sondern auch als Statement Ihrer Fähigkeit, sowohl selbstständig und gleichzeitig albern zu sein. Starten Sie den sanften, geschwungenen und ausgeweiteten Strich bei Ihrem Vornamen und hören Sie am Ende Ihres Nachnamens auf.

Dieser Strich bietet eine Plattform, auf der Sie stehen können. Zeichnen Sie ihn sanft und fließend, jedoch beständig. Sie können ihn auf zwei Arten zeichnen: Zum einen können Sie Ihren Namen zu Ende schreiben, den Stift anheben und ihn dann von links nach rechts ziehen.

Susan Adams

Und zum anderen können Sie, wenn Ihr Nachname mit einem Buchstaben endet, der sich für einen *Schnörkel* anbietet, diesen ganz natürlich nach links richten. Denken Sie aber daran, den letzten Strich rechts auslaufen zu lassen.

Susan Adams

Gestalten Sie eine Unterstreichung, die Ihren Geist widerspiegelt! Da ich Adler über alles liebe, unterstreiche ich meinen Namen auf eine Art, die an einen Adlerflügel erinnert, ungefähr so:

20. DIE ÜBERSICHT

Mit diesen 19 Punkten im Hinterkopf schauen Sie sich Ihre Handschrift Punkt für Punkt an und listen Sie alle Änderungen, die Sie möglicherweise vornehmen möchten, auf. Da das unlinierte Papier und das Querformat vorgegeben waren, beginnen Sie mit dem dritten Punkt, dem äußeren Rand, und nummerieren Sie alle möglichen Änderungen gemäß Ihrer Priorität durch. Nummer 1 ist dabei die wichtigste Änderung, die Sie vornehmen möchten. Wenn Sie damit fertig sind, legen Sie Ihre Liste beiseite und lesen Sie den zweiten Teil.

TEIL ZWEI
DAS ALPHABET

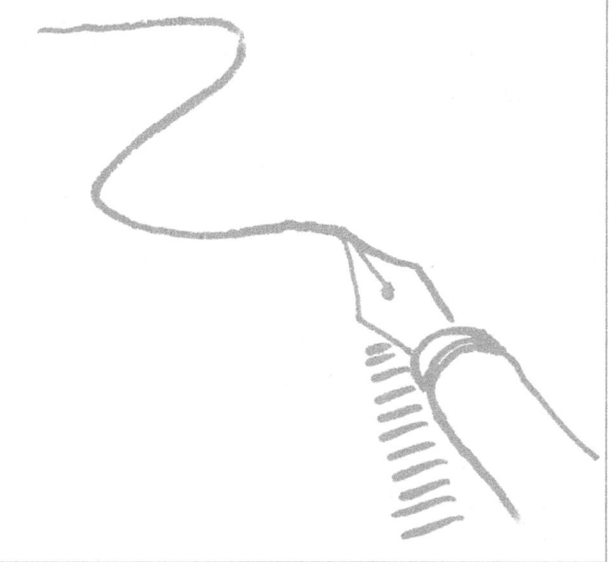

Kapitel 4
DIE FAMILIEN DES ALPHABETS

So wie jeder Strich, Winkel, Bogen, Rand und Freiraum, den wir auf der Seite zeichnen, den Rahmen gestaltet, so lassen die Buchstaben die Details einfließen und erzählen die ganze Geschichte. Jeder Buchstabe ist eine persönliche Aussage unserer Eigenschaften, die sich zu unserem Selbstbild formen, so wie der Rest unserer Schreibmuster die allgemeinen Bewertungen sind. Kein Buchstabe ist zufällig geformt, sondern auf eine spezifische Weise im Laufe der Zeit so entstanden.

Jeder Buchstabe des Alphabets hat ein reiches und faszinierendes Erbe. So wie bei einem Familienstammbaum gibt es einige Buchstaben schon seit Jahrhunderten und andere sind relativ neu. Da dieses Buch nicht als historischer Diskurs gedacht ist, sondern als Anleitung zum persönlichen Wachstum, gebe ich Ihnen hier nur eine kurze Übersicht der Buchstaben.

Aufgrund meiner tiefen Verbundenheit mit den Buchstaben werde ich hin und wieder Informationen einfließen lassen, um Ihnen ihre Lebendigkeit näherzubringen. Sonst wäre es so, als ob ich Ihnen einen Menschen mit seinem Namen, aber ohne jeglichen Hintergrund vorstellte.

Ich gebe Ihnen einen Einblick in die interaktive Familiendynamik des Alphabets und lade Sie dazu ein, alles, was Sie gelernt haben, als Instrument zu nutzen, sich Ihrer selbst stärker bewusst zu werden und Ihr persönliches Wachstum zu beschleunigen.

Ich werde Ihnen Möglichkeiten aufzeigen, die Buchstaben so zu schreiben, dass sie Ihnen dabei helfen werden, deren jeweilige

Eigenschaften auszubalancieren und dieses Gleichgewicht ein Leben lang beizubehalten. Wie jedes Lebewesen enthält auch jeder Buchstabe eine einzigartige und starke Energie. Auch wenn es bei Buchstaben kein Richtig oder Falsch gibt, gibt es doch Schreibweisen, die Ihnen dabei helfen, mit Ihrem tiefen Innersten wieder in Kontakt zu treten und diese einzigartige Beziehung nach außen zu zeigen.

Ich zeige Ihnen die Buchstaben nicht in der vertrauten ABC-Reihenfolge. In der Familie des Alphabets gibt es sieben kleinere Familien und die werde ich Ihnen vorstellen. Die Reihenfolge, in der sie aufgelistet sind, spiegelt unseren menschlichen Wachstums- und Bewusstwerdungsprozess, unsere Entwicklung von der Kindheit über das Erwachsenenalter bis zur Weisheit wider.

Familie der Kommunikation:

A a, O o, D d, G g, Q q, P p

Familie des Lernens und Bewertens:

Y y, U u, W w, V v

Familie der Würdigung und Ausdruckskraft:

M m, N n, H h

Familie der Einsicht:

L l, E e, I i, J j

Familie der angewandten Kreativität:

F f, R r, S s

Familie des Ansehens:

T t, K k, B b

Familie des Vertrauens und der inneren Autorität:

C c, X x

Zufriedenheit: Der Buchstabe Zett (Z z) steht allein.

Kapitel 5
DIE FAMILIE DER KOMMUNIKATION

Aa, Ooo, Dd, Gg, Qq, Pp

Aa: DER BUCHSTABE DES RUHMS

So weit die geschriebene Geschichte zurückreicht, war der Buchstaben *Aa* in fast allen phonetischen Alphabeten der erste Buchstabe. In unserem lateinischen Alphabet steht er für unseren ersten Eintritt in diese Welt als eine Seele, die behutsam in das Kostüm eines Ego oder einer Persönlichkeit gewickelt ist.

In der Handschrift steht der Buchstabe *Aa* dafür, wie wir unser Ego im täglichen Leben ausdrücken und wie sensibel oder selbstbewusst wir bezüglich unseres physischen Selbstbildes sind. Wenn der Schreiber langsam seine Haare verliert und sich deswegen unsicher fühlt, wird er sein *Aa* anders schreiben, als wenn er seine zukünftige Glatze akzeptierte. Die Einstellung des Schreibers gegenüber jeglichem körperlichen Merkmal – sei es Übergewicht, eine ungewöhnliche Nase oder ungewöhnliche Ohren, gelocktes oder gerades Haar – wird im Buchstaben *Aa* widergespiegelt, da diese Reaktion vom Ego ausgelöst wird.

Der Buchstabe *Aa* ist das Oberhaupt der Kommunikationsfamilie, weil unser Selbstbild von unserem Ego geformt wird und wir durch unser Ego handeln, reagieren und interagieren.

Großes A

Dies wird als Star-A bezeichnet. Es steht für die Bereitwilligkeit, unsere Persönlichkeit dafür einzusetzen, über uns hinauszuwachsen und uneigennützig ins Rampenlicht zu treten – ein Star ohne Ego zu sein. Das ist das einzige große A, das Sie schreiben sollen, besonders wenn Sie das Glück haben, dass Ihr Vorname mit einem A beginnt.

Eine andere Schreibweise nennt sich Osterei a, eine Vergrößerung des kleinen a. Aufgrund seiner Rundung – ein Ausdruck von Ich-Getriebenheit, die unsere Ego-Spiele am Laufen hält – bleiben wir weiterhin auf uns selbst ausgerichtet. Das Star-A mit seinem schwungvollen Aufstieg, seinem geerdeten vertikalen Stich und seiner Verbindungsschlaufe am Schluss lässt uns unser Ego überwinden und zum höheren Selbst finden. Schreiben Sie ein paar Zeilen mit beiden A und spüren Sie den Unterschied.

Anleitung:

1. Beginnen Sie mit einer sanften, geschwungenen Einleitung. Ich nenne es den Lincoln-Fuß, benannt nach Abraham Lincoln, der seinen Namen mit diesem Strich begann. Er bringt Verspieltheit und liebevollen Humor zum Vorschein und verstärkt das Bedürfnis, anderen auf wahrlich altruistische Weise zu helfen.
2. Zeichnen Sie die Höhe zwei bis zweieinhalb Mal so hoch wie die Mittellänge.
3. Schreiben Sie eine umgekehrte V-Form an der Spitze.
4. Ziehen Sie den Strich gerade im rechten Winkel zur Grundlinie herunter.
5. Gehen Sie mit dem Stift wieder nach oben links und zeichnen Sie eine Schlaufe, die sich über den ersten Aufstrich erstreckt.
6. Beenden Sie den Strich nach rechts auslaufend.
7. Heben Sie den Stift von Anfang bis Ende nicht vom Papier ab.

Kleines *a*

Anleitung:

1. Beginnen Sie immer an der Mittellinie.
2. Zeichnen Sie ein Oval, das
   - ordentlich und ohne Schlaufen im Inneren,
   - klar ohne Verschleierungen,
   - horizontal leicht geweitet, aber weder zu schlank noch ein perfekt runder Kreis, sondern dazwischen,
   - oben und unten geschlossen ist.
3. Wenn Sie wieder auf die Grundlinie zurückkommen, verbinden Sie den Abstrich mit dem Oval so weit wie möglich, bevor Sie den Buchstaben mit einem sanften Füßchen nach rechts beenden.

Die Wirkung des Buchstabens *Aa*

Wenn es für Sie schwierig ist, unbefangen im Rampenlicht zu stehen, es aber notwendig ist, sei es aus geschäftlichen Gründen, zur Unterhaltung, als Sprecher usw., lässt Sie dieser Buchstabe diese Rolle ganz natürlich ausleben, nicht Ego-gesteuert, sondern von diesem geheimen Ort aus in Ihnen, der ganz unverfälscht ist.

Oo: DER BUCHSTABE DER MÜNDLICHEN KOMMUNIKATION

Wie der Buchstabe *Aa* steht auch der Buchstabe *Oo* für das Ego, wie es der Kreis in der Mittellänge anzeigt. Aber anstatt das Ego durch das Bewusstsein von körperlichen Angewohnheiten oder Aussehen auszudrücken, erreicht der Buchstabe *Oo* andere über das Sprechen. Es ist der Buchstabe der mündlichen Kommunikation.

Der Strich, der oft am Ende des kleinen *o* gezeichnet wird, wird *Brückenstrich* genannt, da er eine Brücke zur anderen Seite bildet, was der Buchstabe *o* durchs Sprechen umsetzt.

Zusammen mit anderen Faktoren in der Handschrift weist er häufig auf eine Person hin, die eine Begabung für das Arbeiten mit den Händen hat. Es ist nicht ungewöhnlich, diesen Strich in der Handschrift von Masseuren, Webern, Maurern und Künstlern aller Art zu entdecken. Kombiniert mit einer winzigen Schriftgröße kann es auf jemanden hindeuten, der hervorragend mit kleinen, organisierten Details umgehen kann, wie zum Beispiel ein Computerprogrammierer.

Das *o* kann auch ohne diesen Brückenstrich o geschrieben werden. Wenn es auf diese Art geschrieben wird, spiegelt es die Bereitschaft, direkt und offen zu sein und mutig die Wahrheit zu sagen, besonders wenn wir herausgefordert werden. Ich spreche hier von der Schreibschrift, nicht von der Druckschrift.

Großes *O*

Anleitung:

1. Der Buchstabe wird im Uhrzeigersinn als runder Kreis in der Ober- und Mittellänge geschrieben. Beginnen und beenden Sie den Buchstaben oben. Im Uhrzeigersinn zu schreiben, kommt Ihnen vielleicht ungewohnt vor, aber es ist wichtig, da es die Energie vorwärts bewegt. Mit nur ein wenig Übung wird es sich schon bald ganz natürlich anfühlen.
2. Zeichnen Sie einen Kreis, der ordentlich, klar und horizontal leicht gedehnt ist.
3. Achten Sie darauf, dass er oben und unten geschlossen ist.

Kleines *o*

Anleitung:

1. Beginnen Sie an der Mittellinie.
2. Zeichnen Sie einen Kreis im Uhrzeigersinn und beginnen und enden Sie oben.
3. Schreiben Sie ihn ordentlich, klar und leicht gedehnt.

4. Wenn Sie mit einem Brückenstrich aufhören, machen Sie eine kurze Pause, wenn Sie wieder oben in der Mittellänge angekommen sind, und schreiben dann den Schlussstrich nach rechts, um eine Brücke zum nächsten Buchstaben zu schaffen.

Die Wirkung des Buchstabens *Oσo*

Das *Oσo* gibt Ihnen die Fähigkeit, offen, klar und wohlüberlegt zu sprechen. Es erlaubt Ihnen, selbstsicher zu kommunizieren, und hält Sie davon ab, die Wahrheit zu verschönen oder zu lügen. Es bringt eine klare und sanfte Bestimmtheit in Ihre Reden anstatt einer alles überrollenden oder rücksichtslosen Energie. Sie werden Ihre Gedanken klarer ausdrücken können. Wenn diese Eigenschaften ein Muss in Ihrem Leben sind, dann ist das der Buchstaben, den Sie üben sollten.

Dd: DER BUCHSTABE DES EINFÜHLUNGSVERMÖGENS

Der Buchstabe *Dd* ist eine Spiegelung dessen, wer ich in der Welt bin, so wie sein Cousin, das *Tt*, das, was ich tue, widerspiegelt. Das *Dd* zeigt an, wie empfindlich wir in Bezug auf die Meinung anderer sind. Hier befindet sich das Ego im Risikobereich, abhängig von der Meinung anderer. Als das dritte Mitglied der Kommunikationsfamilie ist es wieder der Buchstabe *a*, das Ego, wie es sich selbst auf einzigartige Weise ausdrückt.

Das *a* wird als ovale Ego-Form geschrieben und endet auf der Grundlinie, die für das alltägliche Leben steht. Das *o* steht entweder für sich alleine oder reicht mit dem Brückenstich anderen die Hand — zum Zwecke der Kommunikation.

Das *d* wird zunächst in der Ego-Form geschrieben und steigt dann in die Oberlänge auf, den mentalen Bereich. Wie ein Periskop sucht es die Umgebung ab. Dabei fragt es: „Was die anderen wohl über mich sagen?" Der Buchstabe *Dd* steht für unsere Empfindlichkeit gegen Kritik, unsere Fähigkeit oder mangelnde Fähigkeit, Grenzen zu ziehen, und wie wir mit Herausforderungen oder Konfrontationen umgehen können.

Großes *D*

Anleitung:

1. Beginnen Sie mit einem kräftigen *Abstrich* auf die Grundlinie.
2. Heben Sie den Stift an. Schreiben Sie vom oberen Ende des ersten Strichs einen rechtsgerichteten Bogen.
3. Beenden Sie den Buchstaben mit einer sanften, vorwärts gerichteten Schlaufe im Bogen auf der Grundlinie. Dies veranlasst die Energie des Buchstabens, vorwärts in den Rest der Welt zu fließen.
4. Achten Sie darauf, dass Ihr *D* auf der Grundlinie geschlossen ist.

Kleines *d*

Anleitung:

1. Beginnen Sie an der Mittellinie.
2. Zeichnen Sie ein Oval, das ordentlich, klar und horizontal leicht gedehnt ist.
3. Achten Sie darauf, dass es oben und unten geschlossen ist.
4. Zeichnen Sie einen Aufstrich, der zwei bis zweieinhalb Mal so hoch ist wie die Mittellänge.
5. Wenn Sie wieder auf die Grundlinie zurückkehren, ziehen Sie den Aufstrich nach.
6. Achten Sie darauf, dass Sie ihn genau nachziehen. Zeichnen Sie keine Schlaufen, um den Stamm zu schreiben. Eine Schlaufe im *d*-Stamm weist auf eine Empfindlichkeit gegen Kritik hin; je größer die Schlaufe, desto größer die Empfindlichkeit.

7. Beenden Sie den Buchstaben mit einem sachten Füßchen auf der Grundlinie.

Als ich die erste Version dieses Buchs geschrieben habe, habe ich noch das „selbstständige d" [d]vorgeschlagen. Aber ich habe festgestellt, dass Menschen, die ihren d-Stamm automatisch mit einer Schlaufe schreiben [d], es wahrlich schwierig finden, das kleine d ohne diese Schlaufe im Aufstrich zu schreiben. Stattdessen schreiben sie das „selbstständige d", weil sie dort an der oberen Linie der Oberlänge anfangen und dann nur einen Strich auf die Grundlinie ziehen können – ohne sich Gedanken um das Nachziehen oder Schlaufen im Stamm machen müssen. Wenn Sie finden, dass diese Beschreibung auf Sie zutrifft, fangen Sie Ihr d bitte mit dem Oval an, zeichnen Sie einen langen, würdevollen Stamm und ziehen Sie diesem Stamm langsam nach, wenn Sie auf die Grundlinie zurückkommen. Eine Schlaufe in den Stamm zu setzen, verstärkt Ihre Empfindlichkeit gegen das, was andere von Ihnen denken, und verfestigt Ihre scheinbare Unfähigkeit, sanfte, liebevolle und doch bestimmte Grenzen zu ziehen. Vielleicht neigen Sie ja auch dazu, eher *über* andere Menschen zu sprechen, anstatt *mit* ihnen, wenn Sie ein Problem mit ihnen haben. Sie nehmen Kommentare vielleicht persönlich, auch wenn sie gar nicht so gemeint waren. *Positive* Feinfühligkeit anderen gegenüber ist eine unterstützende und wünschenswerte Eigenschaft – beanspruchen Sie Ihre, indem Sie den d-Stamm nachziehen.

Die Wirkung des Buchstabens Dd

Wenn Ihre Gefühle schnell verletzt werden oder Sie es schwierig, wenn nicht sogar unmöglich finden, für sich selbst einzutreten oder persönliche Grenzen ohne Schuldgefühle zu ziehen, dann sollten Sie anfangen, diesen Buchstaben zu üben.

Ein sauber gezeichnetes *d* kann Ihnen den Druck und Stress nehmen, den Sie sich selbst machen, weil es Ihnen in Beziehungen unmöglich ist, zu sagen, was Sie sagen möchten. Es wirkt sich auch darauf aus, wie sehr Sie sich von den Worten oder Taten anderer betroffen fühlen.

Es hilft Ihnen, aus der Position eines Zeugen und nicht der eines Opfers aus zu sprechen, und vermindert damit auch Ihre Neigung, zu lästern. Es gibt Ihnen die Kraft, in einer Beziehung oder im Miteinander aus Ihrer persönlichen Verantwortlichkeit heraus zu sprechen, anstatt alles in die Hände des anderen zu geben.

Dies ist ein Power-Buchstabe. Spüren Sie es? Um die transformativen Auswirkungen dieses Buchstabens zu spüren, sollten Sie vielleicht schon heute mit dem Üben anfangen.

Gg: DER BUCHSTABE DES ERFOLGS

Der Buchstabe *Gg* mit seiner Kurve in der Mittellänge steht für ein Ego oder eine Persönlichkeit mit einer offenen und empfänglichen Einstellung. Es ist der erste Buchstabe der Kommunikationsfamilie, der in die Unterlänge taucht, den Bereich der Beziehungen.

Dieser starke Buchstabe entwickelte eine eigene Identität, getrennt vom Buchstaben *Cc*, aus dem er ursprünglich entstand. Es ist ausgesprochen wichtig, dass Sie ihn sanft fließend und vollkommen frei von Winkeln schreiben. Denken Sie daran: Winkel stehen für mentale Energie oder Analyse; Bögen stehen für die Herzensenergie.

So wie der Buchstabe *Cc* ein Spiegel der Prägung ist, die unsere Mütter in unserer Psyche hinterlassen haben, so steht der Buchstabe *Gg* für unsere Einstellung männlichen Autoritätspersonen gegenüber. Er ist ein Echo dessen, was unsere Väter für uns waren – ein Einfluss, der eng mit unserer Bereitschaft,

Anerkennung, Lob und Reichtum anzunehmen oder abzulehnen, verbunden ist.

Menschen, deren Nachname mit dem Buchstaben G beginnt, sind oftmals in einem Bereich ihres Lebens mit Reichtum gesegnet. Mohandas Karamchand Gandhi, spirituell; George und Ira Gershwin, Goethe, musikalisch; Francisco Goya, künstlerisch; Bill Gates, finanziell. Wenn Erfolg in irgendeinem Bereich Ihres Lebens fehlt, dann sollten Sie mit diesem Buchstaben beginnen.

Großes G

Anleitung:

1. Zeichnen Sie einen weichen Dreiviertelkreis, der zur rechten Seite hin offen ist und die Ober- und Mittellänge ausfüllt.
2. Anschließend folgt ein sanfter Strich ohne Winkel, der den ersten Strich nicht berührt. Dies ist der einzige Großbuchstabe, der mit zwei einzelnen Strichen gezeichnet wird, bei dem es erstrebenswert ist, dass sich die beiden Striche nicht berühren.

Kleines g, das wie eine Acht aussieht

Diese Buchstabenform des keinen g ist für jeden zu empfehlen, der seine Kreativität anzapfen möchte, von der er weiß, dass sie irgendwo tief in ihm wohnt, als ein Teil von ihm, zu dem er bislang keinen oder nur begrenzten Zugang hatte. Allein schon die Form vermittelt, wie viel Fließkraft und Anmut der Buchstabe besitzt.

Um die Magie dieses Buchstabens zu erfahren, gehen Sie hinaus in die Natur und zeichnen mit Ihren Fingern die Form groß im Sand oder auf der Erde nach. Sie können auch Ihre Arme und Hände – rechts und links abwechselnd – verwenden, um ihn in großen und fließenden Bewegungen in die Luft zu malen. Tun Sie dies ein paar Mal. Spüren Sie, wie er lebendig wird.

Um die aufrüttelnde Natur dieses Buchstabens noch weiter zu erhöhen, verwenden Sie ihn gemeinsam mit dem E ε, da jeder der beiden Buchstaben für den Schriftsteller, den Musiker, den Berater steht – die Person, die eins mit ihrem Beruf und vollkommen im Einklang mit der inneren Stimme ist, die sie dazu veranlasst, etwas Bestimmtes zu schreiben, zu spielen oder zu sagen.

Er ist auch wichtig für jemanden, der seine Fähigkeit, voll im Fluss der Gedanken und Einblicke zu sein, verbessern möchte. Der diese Fähigkeit lieber zum Ausdruck bringt, statt sie zu unterdrücken. Wenn Sie ein kleines g irgendwo in Ihrem Namen haben, benutzen Sie ab jetzt unbedingt das kleine g, das wie eine Acht aussieht, besonders in Ihrer Unterschrift.

Aufgrund seiner Öffnung in der Mittelänge und seine vollständig flüssige Bewegung hebt dieses kleine g nicht nur jede Schreibblockade auf. Es hilft auch dabei, Interaktionen mit anderen weicher zu gestalten, denn die Unterlänge steht für Beziehungen.

Schreiben Sie ein paar Zeilen mit Wörtern, die ein kleines g enthalten, und verwenden Sie jedes Mal die Form der Acht; dann schreiben Sie dieselben Wörter mit dem traditionellen g, wie Sie es in der Schule gelernt haben. Beobachten Sie, ob Sie nicht einen deutlichen Unterschied spüren.

Anleitung:

1. Beginnen Sie mit einem klaren, offenen c an der Mittellinie. Es ist wichtig, dass Sie keine Schlaufen im c haben.
2. Verlängern Sie den natürlichen Bogen in die Unterlänge und zeichnen sie eine Schlaufe, die weich und fließend ist; ungefähr zweieinhalb Mal so lang wie die Höhe der Mittellänge.
3. Beenden Sie die Schlaufen, indem Sie die Grundlinie rechtsgerichtet durchkreuzen.

Die Wirkung des Buchstabens Gg

Spielen Sie Ihre Leistungen herunter? Werden Sie ständig bei Beförderungen übergangen? Zögern Sie viel zu lange, bevor Sie jemanden um eine Verabredung bitten, sich letztendlich dagegen entscheiden und es dann bereuen? Sind Sie befangen, wenn Sie gelobt werden, und fühlen Sie sich unwohl, wenn Sie ein ehrliches Kompliment oder Lob für etwas, das Sie gut gemacht haben, erhalten? Wenn Ihre Antwort auch nur auf eine dieser Fragen „Ja" ist und Sie dies ändern möchten, ist der Buchstabe Gg der Wegbegleiter, den Sie an Ihrer Seite möchten.

Üben Sie ihn mit Sorgfalt, bis Sie spüren, dass Ihr Stift zu singen beginnt. Wenn Ihr großes G ähnlich wie dieses G oder dieses G aussieht, üben Sie besonders das weiche, C-förmige große G.

Einer meiner Klienten, der, als er zu mir kam, praktizierender Anwalt war, aber jetzt ein publizierter Schriftsteller ist, erzählte mir, dass es sich jedes Mal, wenn er sein neues Gg schrieb, so anfühlte, als truge er einen Damm ab. Nach sechs Wochen durchgehenden Übens fiel der Damm letztendlich in sich zusammen und die Energie konnte frei fließen. Dann begann er, sein Buch zu schreiben.

Qq: DER BUCHSTABE DER NÄCHSTENLIEBE

Der Buchstabe Qq ist ein großartiger Buchstabe und gehört zu meinen Lieblingen. Als Mitglied der Kommunikationsfamilie steht das kleine Oval in der Mittellänge für das Ego. Wie das kleine g taucht es auch in die Unterlänge ein, den Bereich der Beziehungen.

Aber im Gegensatz zum kleinen g wird die Schlaufe des q auf der rechten Seite des Abstrichs beim Hochziehen des Strichs zur Grundlinie geformt. Diese bestimmte Schlaufe spiegelt Beziehungen nicht zu bestimmten Einzelpersonen wider, wie die links liegende Schlaufe, sondern den Wunsch, der gesamten Menschheit zu dienen. Das Qq steht für die Auflösung des Ego – das Oval in der Mittellänge – im Dienst der anderen.

Ich nenne ihn liebevoll den Mutter-Teresa-Buchstaben, da er ihr Leben so beispielhaft und klar symbolisiert. Ihr Ausspruch „Wir können keine großen Taten vollbringen, nur kleine mit viel Liebe" ist die perfekte Verkörperung des Buchstabens Qq.

Der einzige andere Buchstabe, der eine Schlaufe auf der rechten Seite in der Unterlänge hat, ist der Buchstabe f, und er bezieht sich auch darauf, andere zu erreichen. Jedoch hat er eine andere Wirkung, die wir später noch erkunden werden.

Großes Q

Anleitung:

1. Der Buchstabe wird im Uhrzeigersinn als runder Kreis in der Ober- und Mittellänge geschrieben. Beginnen und beenden Sie den Buchstaben oben.
2. Zeichnen Sie einen Kreis im Uhrzeigersinn, der ordentlich und leicht gedehnt ist.
3. Achten Sie darauf, dass er oben und unten geschlossen ist.
4. Zeichnen Sie ein weiches Schwänzchen, teils im und teils außerhalb des Kreises, auf der Grundlinie. Ein kurzes Stück des Schwänzchens kann unter der Grundlinie liegen, wenn Sie möchten. Denken Sie daran, es flüssig und ohne Winkel zu schreiben.

Kleines q

Anleitung

1. Beginnen Sie an der Mittellinie.
2. Zeichnen Sie ein Oval, das ordentlich, klar und horizontal leicht gedehnt ist.
3. Ziehen Sie den Strich in die Unterlänge und schreiben Sie eine Schlaufe, die zweieinhalb Mal so lang wie das Oval groß ist.
4. Vollenden Sie die Schlaufe auf der rechten Seite des Abstrichs. Die Schlaufe sollte genauso breit sein wie das Oval.

5. Ziehen Sie den Strich auf der Grundlinie nach links über den ursprünglichen Abstrich und schreiben Sie einen *Verbindungsstrich* am unteren Ende des Ovals.
6. Beenden Sie den Buchstaben mit einem energischen Strich nach rechts.

Die Wirkung des Buchstabens Qq

Wenn Sie das innere Bedürfnis verspüren, Suppenküchen zu eröffnen, Unterricht für Analphabeten zu geben, ein Programm wie die „SOS-Kinderdörfer" ins Leben zu rufen oder andere Einrichtungen zu gründen, von denen Sie wissen, dass sie ein Schritt in die richtige Richtung wären, um ein Problem in unserer Gesellschaft zu lösen, dann fangen Sie noch heute damit an, den Buchstaben Qq regelmäßig zu schreiben. Da kein deutsches Wort mit diesem energiegeladenen Buchstaben endet, können Sie auch gerne Ihre eigenen Wörter erfinden, wenn Sie das q als Abschlussbuchstaben eines Wortes üben möchten.

Die Auswirkungen dieser veränderten Schreibweise des Buchstabens sind fast immer sofort spürbar. Halten Sie also Ihr Wundertagebuch bereit. Wenn Sie regelmäßig Buch führen, wird es bald offensichtlich, dass Ihr Dranbleiben die Energie freigesetzt hat, die zu einem Ergebnis geführt hat.

Pp: DER BUCHSTABE DER SELBSTLIEBE

Der Buchstabe Pp ist das Stiefkind in der Kommunikationsfamilie, da der Kreis in der Mittellänge nicht der erste, sondern der zweite Strich ist und die Formation in der Mittellänge mehr ein Dreiviertelkreis als ein ein Oval ist. Auch wenn er zur selben Familie gehört, ist der Stammbaum leicht unterschiedlich. Dieser herausfordernde Buchstabe steht dafür, wie sehr wir uns selbst lieben und wertschätzen – grundlegende Einstellungen, die wir in unserem Reifeprozess meistern müssen – und er steht in direkter Verbindung zum Ego.

Großes P

Anleitung:

1. Beginnen Sie an der oberen Linie der Oberlänge und zeichnen Sie einen kräftigen Abstrich bis zur Grundlinie.
2. Heben Sie den Stift an.
3. Zeichnen Sie einen vollständigen Bogen zur rechten Seite und beenden Sie den Strich mit einer weichen Schlaufe im Inneren, die nach rechts endet. Passen Sie auf, dass der Bogen nicht zusammengedrückt ist; sorgen Sie dafür, dass er rund und ausgedehnt ist.

Kleines p

Anleitung:

1. Zeichnen Sie einen kräftigen Strich in die Unterlänge.
2. Heben Sie den Stift an.
3. Zeichnen Sie einen vollständigen Bogen zur rechten Seite und beenden Sie den Strich auf der Grundlinie mit einer weichen Schlaufe im Inneren, die nach rechts endet. Genau wie beim Großbuchstaben schreiben Sie denn Bogen weder zusammengedrückt noch zu schmal.

Die Wirkung des Buchstabens Pp

Wenn Sie dazu neigen, Dinge zu tun, um andere zu glücklich zu machen, weil Sie gefallen möchten, oder wenn Sie schnell deprimiert sind, wird Ihnen dieser kraftvolle Buchstabe helfen, wieder ins Gleichgewicht zu kommen. Beginnen Sie dabei mit der inneren Einstellung: „Ich bin perfekt für die Rolle, die ich im Leben spiele."

Wenn Sie sich „weniger als“ fühlen, ist es sehr schwer, andere zu lieben. Wenn Sie immer und überall Fehler bei jedem – einschließlich sich selbst – finden, könnte der Buchstabe *Pp* Ihr Schutzengel sein.

Kapitel 6

DIE FAMILIE DES LERNENS UND BEWERTENS

Yy, Uu, Ww, Vv

Yy: DER BUCHSTABE DER SELBSTANERKENNUNG

Der Buchstabe Yy blickt auf eine lange geschichtliche Entwicklung zurück. Er wird der Buchstabe des Pythagoras genannt, denn man geht davon aus, dass dieser als Erster den Buchstaben in dieser Form schrieb: Y Pythagoras nannte ihn *upsilon* und maß ihm eine enorme Bedeutung bei.

Er behauptete, dass der vertikale Stamm für unseren Lebensweg von der Geburt bis zum Erwachsenwerden steht. Am oberen Ende des Stamms begegnen wir der V Form. Pythagoras nannte sie einen Scheideweg und sagte, dass wir an diesem Punkt zwischen der schmalen Straße der Selbstdisziplin oder der breiten Straße der Vergnügungen wählen.

Auch wenn sich die Form leicht geändert hat, so steht der Buchstabe nach wie vor für Entscheidungen: die Entscheidung, Ihre einzigartigen Fähigkeiten als unwichtig abzutun und ihnen weiterhin aus dem Weg zu gehen oder diese anzuerkennen und offen zum Ausdruck zu bringen.

Großes *Y*

Anleitung:

1. Beginnen Sie an der oberen Linie der Oberlänge und schreiben Sie einen tiefen, geweiteten kelchartigen Bogen mit geraden Seiten.
2. Zeichnen Sie die rechte Seite etwas niedriger als die linke.
3. Ziehen Sie dann den Strich in die Unterlänge und schreiben Sie eine großzügige Schlaufe, die ungefähr zwei Mal so lang ist wie die Mittellänge.
4. Kehren Sie zur Grundlinie zurück und vollenden Sie den Strich nach rechts gerichtet, knapp unterhalb des Kelchs.

Kleines *y*

Anleitung:

1. Die gleiche Form wie das große *Y*, nur kleiner und in der Mittel- und Unterlänge.
2. Achten Sie darauf, dass der kelchförmige Bogen zwei gerade Seiten hat.

Dieser Buchstabe wird für Sie an Bedeutung gewinnen, sobald wir das kleine *h* besprechen, da das *y* und *h* spiegelverkehrte Buchstaben sind. Das *y* verwendet Ideen und Kreativität, da es zur Oberlänge hin offen bleibt. Das *h* benutzt Emotionen und Bauchgefühl, da es zur Unterlänge hin offen ist. Mehr dazu, wenn wir zum *h* kommen.

Die Wirkung des Buchstabens *Yy*

Wenn Sie einen halb fertigen Roman in Ihrer Unterwäscheschublade versteckt haben oder eine geheime Erfindung, die Ihnen Millionen einbringen würde, Sie aber die Patentbeantragung immer wieder hinausschieben, sollten Sie diesen Buchstaben jeden Tag üben. In kürzester Zeit werden Sie selbst in höchsten Tönen über

Ihre eigene Arbeit sprechen, Ihrem einzigartigen Produkt Ihren Stempel aufsetzen und anderen helfen, die die gleichen Probleme haben. Es ist kein Buchstabe des aufgeblasenen Stolzes, sondern eine ehrliche und authentische Bewertung Ihres Beitrags zum Wohle anderer.

Uu: DER BUCHSTABE DER AUFGESCHLOSSENHEIT

Schauen Sie sich diesen Buchstaben nur einmal an. Jetzt, da Sie wissen, dass Ideen in der Oberlänge leben, können Sie ganz klar sehen, dass das Uu ein natürliches Behältnis für Wissen ist. Wenn der Kelch tief und geweitet mit geraden Seiten ist, fallen neue Ideen ganz leicht in dieses leere Gefäß. In der Tradition des Indianerstammes der Tiwa lebt der Buchstabe Uu in der Mitte des Medizinrads und steht für die Leere – die große Leere, die darauf wartet, gefüllt zu werden.

Großes U

Anleitung:

1. Beginnen Sie an der oberen Line der Oberlänge und schreiben Sie einen tiefen, mittelmäßig geweiteten kelchförmigen Bogen mit geraden Seiten.
2. Es ist wichtig, dass sich die Seiten nicht nach innen biegen.
3. Beenden Sie den Buchstaben mit einem sachten Füßchen nach rechts auf der Grundlinie.

Kleines u

Anleitung:

1. Zeichnen Sie dieselbe Form wie beim großen U, lediglich in der Mittellänge.

Die Wirkung des Buchstabens *Uu*

Dieser Buchstabe hilft Ihnen dabei, für Neues und Unbekanntes offenzubleiben. Er hilft dabei, unsere geistigen Zügel etwas lockerer zu lassen, und erlaubt Ansichten, die unseren vielleicht sogar widersprechen. Wer könnte davon profitieren, diesen Buchstaben zu üben? Die meisten von uns. Er verleiht besonders denjenigen von uns Kraft, die so tun – und manchmal auch davon überzeugt sind –, als ob sie alle Antworten parat hätten und wüssten, wie es geht. Für die das, was andere zu sagen haben, nur wenig oder keinen Wert hat.

Vor einigen Jahren hatte ich einen Klienten, dessen Firma kurz vor dem Bankrott stand. Er versuchte verzweifelt, sie zu retten, aber egal, was er unternahm, nichts – weder neue Geschäftspläne, Mitarbeiter einzustellen oder Mirarbeitern zu kündigen, noch endlose Meetings – schien zu helfen. Die Bank saß ihm im Nacken und sprach bereits von Zwangsvollstreckung.

Der einzige Grund, aus dem er zu mir kam, war, um es in seinen eigenen Worten auszudrücken: „Ich bin an einem Punkt angelangt, an dem ich alles versuche." „Auch Ihre Handschrift zu ändern, Doug? Es gehört viel Ausdauer dazu, jeden Tag zu schreiben. Hier gibt es keine halb fertigen Sachen wie ‚Vielleicht mach ich's, vielleicht auch nicht'", war meine Antwort.

„Also, in meinen Ohren klingt die ganz Sache vollkommen absurd, aber bisher hat nichts anderes gewirkt, also ja, auch meine Handschrift ändern", antwortete er mir in knappen Worten. Wir machten uns an die Arbeit.

Ich ließ ihn eine Seite auf unliniertem Papier schreiben. Als er mir das Blatt gab, sah ich sofort, dass seine eigene Engstirnigkeit seine Firma zerstörte. Er hörte auf niemanden. Auf absolut *niemanden.* Rat annehmen? Niemals. Alles ständig im Griff haben und kontrollieren? Das war seine Art von Management. Ich schlug ihm vor, einige wichtige Schlüsselmuster, darunter auch den Buchstaben *Uu*, zu ändern, da ich das Gefühl hatte, dass dies den schnellsten und deutlichsten Einfluss haben würde. Und dem war auch so, mit einem ziemlichen Ruck.

Er machte sich mit Entschlossenheit an seine Schreibübungen. Nach zwei Tagen rief er mich an. Halb wütend, halb foppend blaffte er mich an: „Das ist nicht gerade einfach, Vimala. Dieser verdammte Stift macht, was er will!“ Lachend fragte ich ihn: „Wer bewegt den Stift, Doug, wer bewegt den Stift!?“ Dann musste *er* lachen, nahm seinen Stift wieder in die Hand und begann erneut zu schreiben.

Nach ein paar Wochen beschloss er, ein wöchentliches Meeting auf der Arbeit abzuhalten, das dazu diente, dass er zuhörte – nur zuhörte –, was seine Manager zu sagen hatten. Er versprach, niemanden für seine Ehrlichkeit zu entlassen. Die erste Woche war etwas lau; keiner traute ihm so recht. Aber nachdem Doug darauf bestand, dass er es ernst meinte, begannen seine Manager, ihre Vorschläge und Beschwerden auf den Tisch zu bringen; einer nach dem anderen tasteten sie sich vor. Doug war zunächst schockiert und verärgert, aber er hielt sein Versprechen, zuzuhören. Nach und nach begriff er, dass *er* das Problem war. Er bemerkte, dass, obwohl seine Mitarbeiter kreativ und engagiert waren, sie viel zu schüchtern waren, ihm ihre Vorschläge anzubieten – aus Angst, ignoriert, niedergemacht oder gefeuert zu werden. Aufwachsignal Nummer eins.

Jede Woche wurde eines dieser „Zuhör“-Meetings gehalten. Im Laufe der nächsten Monate begann sich das Verhalten innerhalb der Firma zu ändern. Während Doug zuhörte – wirklich zuhörte –, bemerkte er, dass einige seiner wichtigsten Mitarbeiter, obwohl sie weitaus weniger Bildung hatten als er, ihren Job sehr viel besser verstanden als er. Er fing an, sich zurückzuziehen und nicht mehr seinen autoritären und detailorientierten Führungsstil an den Tag zu legen. Und die Firma kam wieder auf die Füße. Nach nur sechs

Monaten schrieben sie wieder schwarze Zahlen; nach einem Jahr ging es der Firma so gut, dass die Bank ihr einen weiteren Kredit gewährte.

In dieser Zeit wies ich ihn immer darauf hin: „Pass auf deine U u auf, Doug, pass auf die Uu auf!"

Wenn sich ein Doug auch in Ihnen befindet, sollten Sie diesen großartigen kleinen Buchstaben üben. Sie werden vielleicht feststellen, dass es gar nicht so leicht ist, wie es aussieht. Ist es die Mühe wert? Das entscheiden Sie.

Ww: DER BUCHSTABE DES LEHRERS

Hier haben wir ein Doppel-u. Der Kelch zur Linken ist der Buchstabe Uu, der für die Bereitschaft steht, offen für neue Informationen zu sein. Der Kelch zur Rechten ist wiederum der Buchstabe Uu. Rechts vom ersten Uu steht es für unsere Bereitschaft, das, was wir wissen, auch zu lehren. Das Ww ist der Buchstabe des Lehrers.

Menschen, die sich nicht sicher sind, sind über den Wert dessen, was sie zu lehren haben, hat, oder die Schwierigkeiten haben, sich selbst als Lehrer zu sehen, schließen den rechten Kelch oftmals oben ab W. Wenn dieser Teil nicht geschlossen ist, ist er auf eine andere Art eingeschränkt. So kann er sehr eng (W) oder mit einer Schlaufe versehen (W) sein. Wenn Sie wissen, dass Sie hier sind, um etwas zu lehren – selbst wenn Sie sich nicht sicher sind, was es ist –, lesen Sie diesen Abschnitt ganz genau. Der Buchstabe Ww verändert das Bewusstsein von Menschen auf dramatische Weise.

Großes W

Anleitung:

1. Zwei miteinander verbundene, kelchförmige Bögen wie beim Buchstaben U.

Kleines *w*

Anleitung:

1. Zeichnen Sie zwei kelchförmige Bögen mit geraden Seiten und einer eindeutigen Unterteilung zwischen den beiden in der Mittellänge und beenden Sie den Buchstaben mit einem Brückenstrich. Die Aufgabe eines Kelchs ist es, Informationen aufzunehmen.
   Der Kelch auf der linken Seite steht für die Bereitschaft, etwas zu empfangen; der Kelch auf der rechen Seite steht für die Bereitschaft, mit anderen zu teilen.

Die Wirkung des Buchstabens *Ww*

Wenn Bekannte Ihnen raten, Lehrer zu werden, und Sie tief in Ihrem Inneren wissen, dass Sie gut darin wären, aber dennoch zögern, alles dafür in die Wege zu leiten, dann ist dies Ihr Buchstabe. Daran besteht kein Zweifel. Unterrichten muss nicht heißen, dass Sie als Lehrer in einem Klassenzimmer vorn stehen. Auch ein Motivationsredner, Schriftsteller, Pfarrer oder Menschen in ähnlichen Berufen können eine Lehrerfunktion haben. Beginnen Sie, den Buchstaben *Ww* zu üben, dann halten Sie inne und spüren nach, welcher Teil in Ihnen zum Leben erwacht.

Vv: DER BUCHSTABE DER URTEILSFÄHIGKEIT

Der Buchstabe *Vv* spiegelt die unabdingbare Qualität eines selbstbestimmten Lebens wider. Es ist der Buchstabe der Urteilsfähigkeit, der Ihnen hilft, auf der Grundlage eines eigenen Wertesystems weise zu entscheiden. So wie ein Winkel auf der Grundlinie für die Fähigkeit steht, Informationen zu analysieren, gibt das spitze *Vv* einen urteilsfähigen Verstand wieder.

Um ein Leben zu gestalten, das auf Ihren eigenen Entscheidungen und Werten basiert, schreiben Sie Ihr *Vv* immer mit einer Spitze auf der Grundlinie. Passen Sie auf, dass keine Schlaufe in der Spitze ist (*V*), sondern dass diese spitz ist und einen weiten Winkel formt. Beginnen Sie diesen fantastischen Buchstaben *niemals* mit einer *rechtsseitigen Schlaufe* (*V*). Diese enge und winzige Schlaufe beinhaltet Verdacht, Neid, Eifersucht und egozentrisches Verhalten. Sie ist voller Angst und schränkt Dankbarkeit und Großzügigkeit stark gewaltig ein.

Auch sollten Sie *niemals* eine Rundung aus der Spitze werden lassen (*V*), denn die sagt: „Hier! Du triffst die Wahl für mich. Ich habe keine eigene Meinung und traue mich nicht, etwas ohne die Genehmigung von jemand anders zu entscheiden."

Großes *V*

Anleitung:

1. Immer mit Spitze schreiben.
2. Der zweite Strich ist ganz leicht nach rechts gebogen.

Kleines *v*

Anleitung:

1. Zeichnen Sie dieselbe Form wie beim großen *V*, lediglich in der Mittellänge.
2. Verbinden Sie diesen Buchstaben nicht mit anderen; weder der vorhergehende noch der nachfolgende Buchstabe soll ihn berühren. Wie sein Cousin, der Buchstabe *X* x, steht der Buchstabe *Vv* immer alleine in einem Wort.

Die Wirkung des Buchstabens *Vv*

Ich kenne diesen Buchstaben in- und auswendig und habe die lebensverändernden Auswirkungen, die er haben kann, selbst erfahren. Wenn Sie diesen Buchstaben täglich üben, ist es, wie wenn Sie ein altes Gewand, das andere für Sie angefertigt haben, abwerfen und sich eines anziehen, das aus dem Material und in dem Stil gemacht ist, wie Sie es eigenhändig sorgfältig ausgewählt haben.

Wenn Sie das Gefühl haben, Ihr Leben gehört nicht Ihnen, weil Sie eher dem folgen, was andere sagen, anstatt das zu tun, was Sie wirklich wollen, fangen Sie umgehend mit dem Buchstaben *Vv* an. Er hilft Ihnen dabei, eigene Entscheidungen zu treffen. Und denken Sie daran: Wenn sich Dinge nicht so entwickeln, wie Sie es geplant hatten, können Sie Ihre Ansicht immer noch ändern. Entscheidungen sind nicht für immer, Ihr Leben schon.

Lassen Sie sich von der Einfachheit zweiter kleiner Striche, die sich auf der Grundlinie berühren, nicht täuschen. Dieser Buchstabe ist voller Kraft. Versuchen Sie es selbst: Schauen Sie, wie es für Sie passt. Sie werden vielleicht die Überraschung Ihres Lebens erleben.

Kapitel 7

DIE FAMILIE DER WÜRDIGUNG UND AUSDRUCKSKRAFT

Mm, Nn, Hh

Buchstaben in eine digitale Computerschrift umzuwandeln, ist eine wahre Herausforderung; in einigen Fällen kann die Computerschrift einfach nicht hundertprozentig exakt sein. Das trifft besonders auf diese wunderbare Buchstabenfamilie zu. In diesem Kapitel hebe ich immer wieder hervor, dass „Sie die Torbögen nahe der Grundlinie auseinanderziehen sollen", jedoch ist die digitale Schrift nicht genau genug, um Ihnen zu zeigen, was ich meine. Die Abbildung zeigt, was ich mit „Torbögen auseinanderziehen" meine: (M m N n h).

Ich führe weiter aus, dass „Sie absolut sichergehen sollen, dass Sie die Torbögen nahe der Grundlinie auseinanderziehen und sie nicht nachziehen", und füge noch hinzu, dass „dies ein sehr wichtiger Punkt ist, den man beim Scheiben dieser Buchstaben unbedingt im Hinterkopf behalten muss. *Ausgesprochen wichtig."* So, jetzt habe ich es noch einmal gesagt – so wichtig ist es.

Mm: DER BUCHSTABE DER GÖTTLICHEN GNADE

Der Buchstabe Mm ist der Buchstabe, um sowohl Einsamkeit wertzuschätzen als auch schnell und problemlos eine persönliche Beziehung aufzubauen und die Fähigkeit zu besitzen, mit der Gruppenenergie mitzugehen. Er steht dafür, Menschen und Situationen so anzunehmen, wie sie sind – vertrauensvoll, ohne Erwartungshaltung –, und er erlaubt es, Beziehungen sich einfach entwickeln und fließen zu lassen. Ich nenne ihn den Buchstaben der göttlichen Gnade, da, wenn wir das Bedürfnis nach Kontrolle aufgeben, er die Erlaubnis hat, seine Wirkung zu entfalten.

Es gibt vier Teile zu einem Mm; jedes davon ist gleich wichtig. Der erste Teil leitet den Buchstaben sanft ein. Beginnen Sie diesen Buchstaben niemals mit einem Winkel (m).

Beginnen Sie das große M mit einem schwungvollen Humorstrich und schreiben Sie das kleine m beginnend bei der Grundlinie mit einem geschwungenen Strich.

Der zweite wichtige Punkt, den Sie sich merken müssen, ist absolut sicherzugehen, die Torbögen nahe der Grundlinie auseinanderzuziehen, anstatt sie eng nach oben nachzuziehen (m). Das gilt für das m, das n und das h. Das ist der wichtigste Punkt, den man beim Schreiben dieser Buchstaben im Hinterkopf behalten muss. *Ausgesprochen wichtig!*

Wenn Sie Torbögen nachziehen, ist Angst der Klebstoff, der sie zusammenhält. Allein das Nachziehen verstärkt die Angst, etwas falsch zu machen, etwas, das von dem Erlernten abweicht, etwas, das Kritik von außen hervorruft – echte oder eingebildete.

Diese Torbögen auseinanderzuziehen gibt Ihnen Bewegungsfreiheit, gedankliche Freiheit und Handlungsfreiheit; es ermöglicht mehr Spontanität in all Ihren Beziehungen. Es treibt Sie dazu an, mehr Risiken einzugehen, anstatt am Bekannten und Vertrauten festzuhalten.

Drittens, wenn Sie die Torbögen schreiben, weiten Sie sie, anstatt sie nach innen zu biegen. Letzteres wird *zügelnder Strich* (m n h) genannt; er bewirkt, dass Sie genau das Gleiche mit Ihrem Selbstausdruck zu tun. Atmen Sie in Ihr Mm hinein. Hauchen Sie ihm Leben ein. Geben Sie ihm Freiheit. Geben Sie ihm, die Fähigkeit, sich zu bewegen.

Viertens, um Ihr Mm auf wunderbare Weise zu vervollständigen, lassen Sie die Torbögen zunehmend kleiner werden und wie einen Wasserfall abfallen (m). Diese einfache Handlung wird Ihre Bereitschaft, zu vertrauen und jegliches Kontrollbedürfnis aufzugehen, unterstützen.

Sehen Sie das Mm als einen Wasserfall – flüssig, sanft bewegend und fließend. Die hebräische Kabbala besagt, dass das Element Wasser vom Buchstaben *mem* kommt. Denken Sie daran, wenn Sie Ihre Mm's schreiben.

Großes M

Anleitung:

1. Beginnen Sie diesen Buchstaben mit einer sanften Kurve, dem schwungvollen Humorstrich, mit zwei Torbögen, die wie ein Wasserfall abfallen; die erste sollte höher als die zweite sein.
2. Ziehen Sie die Torbögen auseinander und schreiben Sie so eine V-Form nahe der Grundlinie.
3. Lassen Sie die Torbögen nach unten fließen.
4. Beenden Sie den Buchstaben mit einem sachten Füßchen auf der Grundlinie.

Kleines m

Anleitung:

1. Beginnen Sie auf der Grundlinie und zeichnen Sie eine verkleinerte Form des großen M's mit drei Torbögen, die alle auf der Grundlinie auseinandergezogen sind.
2. Lassen Sie sie sanft nach unten abfallen.

Die Wirkung des Buchstabens *Mm*

Wenn Sie sich gezwungen fühlen, Gespräche, Verhandlungen, Ergebnisse und Beziehungen zu kontrollieren, anstatt Beiträge anzunehmen und entsprechend auszuwerten und Umstände sich ganz natürlich entfalten zu lassen, kann der Buchstabe *Mm* wie ein frischer Atemzug nicht nur für Sie, sondern auch für alle um Sie herum sein. Wenn Sie diesen Buchstaben üben, bis er eine natürliche Erweiterung Ihrer selbst wird, wird eine innere Ruhe eintreten, eine spürbare Leichtigkeit, die aus Ihrer Art zu handeln, entsteht. Wenn Sie eine gewisse Anmut in Beziehungen erleben möchten, wie Sie es vielleicht noch nie erlebt haben, nehmen Sie die Herausforderung des Buchstabens *Mm* an.

Nn: DER BUCHSTABE DER FREUNDSCHAFT

Der Buchstabe *Nn* ist im wahrsten Sinn des Wortes ein halbes *Mm*. Er zeigt an, wie gut Sie Kontakt mit anderen Menschen aufbauen können. Es ist der Buchstabe der Freundschaft – die formvollendetste Beziehung aller Beziehungen, da wahre Freundschaft ohne jegliche Erwartungen ist.

Während das *M* zwei Torbögen hat, besitzt das *N* nur einen. Wenn Sie Schwierigkeiten haben, mit anderen Personen eine persönliche Beziehung aufzubauen, schauen Sie sich Ihre *Nn* an und ändern Sie sie langsam. Verwenden Sie das *N* hier und da, um eine leichte, verspielte Herzlichkeit hinzuzufügen. Genau wie beim *Mm* weiten Sie das *Nn*, anstatt es zusammenzuziehen, und schreiben Sie es leicht abwärts neigend und beenden Sie es mit einem sanft auslaufenden Füßchen.

Großes *N*

Anleitung:

1. Genau wie das *M*, nur einen Torbogen weniger.

Kleines n

Anleitung:

1. Genau wie das m, nur einen Torbogen weniger.

Die Wirkung des Buchstabens Nn

Wenn dieser einfache Buchstabe auf eine unterstützende Weise geschrieben wird, bringt er eine Natürlichkeit und Leichtigkeit in Ihre persönlichen Beziehungen und lässt diese völlig zwanglos regelrecht aufblühen. Wenn Sie einen Beruf ausüben, in dem Sie regelmäßig Menschen zu Einzelbesprechungen treffen, wird das Nn sich positiv auf Ihr Miteinander auswirken.

Hh: DER BUCHSTABE DER ENERGIEGELADENEN SELBSTVERWIRKLICHUNG

Der Buchstabe Hh ist nahezu mein Lieblingsbuchstabe. Warum? Keine Ahnung, aber ich schreibe ihn seit über 20 Jahren jeden Tag – an manchen nur ein paar Zeilen und manchmal ganze Seiten voll. Ich liebe diesen Buchstaben. Er ist wunderbar, kraftvoll und lebensverändernd. In der Handschrift steht das Hh für unsere Bereitschaft, im Alltag unsere Träume für eine bessere Welt vollständig zum Ausdruck zu bringen, ohne etwas zurückzuhalten.

Das bedeutet nicht, das zu tun, was andere denken, das wir tun sollten, oder das zu tun, was sicher und akzeptabel ist, oder in einer gut bezahlten Position zu bleiben, weil es Geld aufs Konto bringt. Es bedeutet, das zu tun, was wir wirklich in dieser Welt jeden Tag machen möchten, den ganzen Tag lang, und offen darüber mit der Begeisterung eines Predigers und der naiven Unschuld eines Kindes zu sprechen. Das ist das Hh, belebt, elektrisiert und ausdrucksstark. Ich kenne diesen Buchstaben in- und auswendig.

Sie haben vielleicht aus Spaß an der Freude bemerkt, dass das kleine h und y fast identisch sind, nur jeweils auf den Kopf gedreht. Schauen Sie sich noch einmal die Bedeutung des Yy an und Sie werden sehen, wie die beiden auf einer tieferen Ebene miteinander verbunden sind.

Dieser Buchstabe zusammen mit dem f hat mehr unerwartete Transformationen in Menschen, mit denen ich zusammengearbeitet habe, hervorgerufen, als so ziemlich jede andere Änderung von Buchstaben. Wenn Ihr Hh dem hier nicht ähnlich sieht und Sie Frustration oder Enttäuschung auf Ihrem Lebensweg erleben, sollten Sie sich überlegen, einmal mit dem Hh zu spielen. Es ist ein wahrer Wunderbuchstabe.

Großes H

Anleitung:

1. Beginnen Sie an der oberen Linie der Oberlänge und zeichnen Sie einen kräftigen Strich nach unten auf die Grundlinie, einen „Ich bin!"-Stich.
2. Heben Sie den Stift an und zeichnen Sie einen zweiten kräftigen Strich nach unten.
3. Bleiben Sie mit dem Stift auf dem Papier und zeichnen Sie eine sanfte Schlaufe zur linken Seite, die besagt: „Nichts kann mich aufhalten!"
4. Beenden Sie den Strich nach rechts gerichtet.

Kleines h

Anleitung:

1. Beginnen Sie **immer** auf der Grundlinie.
2. Ziehen Sie einen Strich in die Oberlänge und zeichnen Sie eine mittelgroße Schlaufe, ungefähr zwei bis zweieinhalb Mal so hoch wie die Mittellänge, ein kleines l sozusagen, das unsere Grundspiritualität ausdrückt.

3. Kehren Sie auf die Grundlinie zurück, ziehen Sie den Stift leicht von der Schlaufe weg und zeichnen Sie ein *v* auf der Grundlinie, während Sie den geweiteten Torbogen formen.
4. Beenden Sie den Buchstaben mit einem sanften Füßchen nach rechts. Dramatisch und klar – was will man mehr? Es ist alles da in einem Buchstaben!

Die Wirkung des Buchstabens *Hh*

Auch wenn es für jeden von Vorteil wäre, diesen kraftvollen Buchstaben zu üben, so ist er doch speziell für diejenigen geschaffen, die ihren Lebensweg noch nicht klar definieren konnten, ihn aber wissen möchten, damit sie loslegen können.

Den Buchstaben *Hh* durchgehend und mit Absicht zu üben, öffnet Türen, verwandelt Hindernisse in Möglichkeiten, erlaubt versteckten Talenten, ans Licht zu kommen, und schafft Möglichkeiten, von denen Sie nie zu träumen wagten. Was er *nicht* tun wird, ist, es Ihnen zu erlauben, sich zurückzulehnen und das Leben an sich vorbeiziehen zu lassen. Oh nein! Es wirft Sie mitten ins Leben als aktiven Teilnehmer Ihres eigenen Lebens. Es ist ein Buchstabe der Handlung, einer der Vorwärtsbewegung und des Engagements. Ich habe Sie gewarnt!

Eine meiner Schülerinnen, eine bekannte und willensstarke Frau, arbeitete in ihren damaligen Job seit über 20 Jahren, als sie zu mir kam. Monique war außergewöhnlich gut in ihrem Job, bekam Lob und Auszeichnungen von allen Seiten, und dennoch war sie unruhig geworden, mit dem Wissen, dass „da noch mehr ist". Sie war in eine Sackgasse geraten. Sie war gelangweilt – ein verbreitetes Dilemma.

Obendrein kam sie auch noch aus einer sehr konservativen Ecke der Welt. So konservativ, dass sie jedes Mal, wenn sie nach einem Wochenendkurs nach Hause flog, mit Fragen bombardiert wurde. „Handschrift? Warum sollte ein Erwachsener Handschrift lernen? In Kalifornien? Du weißt doch, wie seltsam diese Kalifornier sind

... überall Kulte." Da sie für ihr aufbrausendes Temperament und ihre Schlagfertigkeit bekannt war, wurden viele dieser Kommentare hinter ihrem Rücken geflüstert.

Ein Teil des Kurses bestand darin, dass jeder Schüler bestimmte Änderungen in seiner eigenen Handschrift vornehmen musste, um die Auswirkungen selbst zu erleben. Nach dem ersten Wochenende nahm Monique einige Schreibänderungen vor und ihr Leben begann, sich schnell und auf den überraschendsten Wegen zu verändern. Ihr aufbrausendes Temperament begann zu verschwinden. Ihre eigene Beobachtung? „Ich werde einfach nicht mehr wütend; keine Knöpfe mehr zum Drücken. Ich finde das äußerst erstaunlich." Sie ließ die Leute einfach so sein, wie sie waren, ohne ein Hühnchen mit ihnen zu rupfen, ohne etwas beweisen und ohne andere verändern zu müssen. Sie fing an, ganz ruhig zu sprechen – und Fakten und nicht ihre Meinung vorbrachte. Da sie ihre Vorurteile und Wertungen losgelassen hatte, konnte sie keiner mehr aus der Ruhe bringen. Sie wurde zugänglich.

Einen Monat später, an unserem zweiten Wochenende, bekam jeder Schüler die Aufgabe, ein unterstützendes Hh in seine täglichen Schreibübungen mit aufzunehmen. Von Natur aus ehrgeizig und voller Antrieb, nahm Monique es mit Eifer an. Nach nur einer Woche rief sie an und hinterließ eine Nachricht auf dem Anrufbeantworter: „Vimala, ich *hasse* diesen Buchstaben! Ich *hasse* das Hh! Ich *hasse* es schlichtweg!" War ihr Temperament etwa zurückgekehrt? Als ich mir die Nachricht weiter anhörte, bekam ich meine Antwort. Sie fing an zu lachen. „Vimala, das ist *so schwer*. Meine Hand will einfach nicht das tun, was ich will! Ich habe *seitenweise* h geschrieben und die meisten schauen aus wie Dreck. Was um alles in der Welt geht hier vor sich!?"

Da wir im Unterricht über zwei Stunden diesen schelmischen Buchstaben bearbeitet hatten, war mir klar, dass sie ihre Frustration in einer rhetorischen Frage verpackte.

Um es kurz zu machen: Monique kündigte letztendlich ihren Top-Job und verkaufte ihr Haus, das sie gerade erst neu eingerichtet hatte. Sie packte all ihre Sachen und zog von allem, was vertraut war, weg in eine Umgebung, in der sie sich lebendig und wie neugeboren fühlte. Sie begann ein neues Leben mit einer vollkommen anderen Karriere. Sie war noch nie so glücklich, hatte noch nie so viel gelacht, hatte sich noch nie so frei gefühlt, und wenn immer Zweifel in ihr aufstiegen, wie sie mir erzählte, „schreibe ich einfach ein paar Seiten Hh, um mich wieder zu beruhigen. Jetzt da ich nicht mehr gegen sie ankämpfe, beruhigen sie mich und meinen Geist und bringen mich wieder in die richtige Spur. Dieser verdammte Buchstabe. Ich habe gelernt, ihn zu lieben".

Kapitel 8
DIE FAMILIE DER EINSICHT

Ll, Ɛε, Ii, Jj

Ll: DER BUCHSTABE DER ANGEBORENEN SPIRITUALITÄT

In der Sprache der Alphabeten steht dieser herrliche Buchstabe für den Grad an Spiritualität, mit dem wir geboren wurden, und dafür, wie viel Aufmerksamkeit wir der Entwicklung unserer Spiritualität im Laufe unseres Lebens widmen. Letztendlich steht er für das Ausmaß unserer spirituellen Reife.

Der Buchstaben *Ll* ist besonders hilfreich für Menschen, die herausfinden möchten, was sie auf einer tieferen inneren Ebene antreibt. Dieser Buchstabe bezieht sich nicht auf unsere Persönlichkeit, sondern auf den Teil von uns, der sich nicht ändert und auch nicht verändert werden kann; der Teil von uns, der ein Echo des universellen Bewusstseins, üblicherweise Seele genannt, ist. Es bedarf keines Glaubenssystems, um zu existieren. *Ll* ist einer der wichtigsten Buchstaben, um im Gleichgewicht zu bleiben. Den Buchstaben auf eine unterstützende Weise zu üben, kann große Umbrüche in Ihrer Grundeinstellung zum Leben hervorrufen.

Großes *L*

Anleitung:

1. Beginnen Sie mit einem sanften Bogen in der Oberlänge.
2. Zeichnen Sie einen sachten, gebogenen Strich bis zur Grundlinie.
3. Zeichnen Sie eine kleine Schlaufe auf der Grundlinie.
4. Beenden Sie den Buchstaben mit einem sanften, horizontal geschwungenen Strich nach rechts.

Kleines *l*

Anleitung:

1. Beginnen Sie immer auf der Grundlinie.
2. Ziehen Sie den Strich in die Oberlänge und schreiben Sie eine mittelgroße Schlaufe, wenn Sie den Strich wieder auf die Grundlinie ziehen.
3. Beenden Sie den Buchstaben mit einem sanften Füßchen nach rechts auf der Grundlinie.

Die Wirkung des Buchstabens *Ll*

Wenn Sie daran arbeiten, den Kern Ihres wahren Wesens zu erwecken, besonders Ihre spirituelle Natur, schadet es bestimmt nicht, den Buchstaben *Ll* ganz oben auf Ihre Prioritätenliste der täglich zu übenden Buchstaben zu setzen. Mit spiritueller Natur meine ich kein Glaubenssystem und keine Religion. Ich beziehe mich hier auf Ihr wahres Ich, das Teil der gesamten Menschheit ist. Indem Sie diesen Teil von sich entwickeln und verfeinern, folgt Ihr Selbstbewusstsein von allein.

Wir opfern unsere Integrität so oft im Leben, wenn wir unsere Entscheidungen und unser Verhalten an dem festmachen, was wir denken, was andere von uns halten, anstatt einfach wir selbst zu sein: nur ein bisschen lästern, nur eine kleine Lüge, nur hier einmal etwas auslassen, nur dort einmal ein wenig übertreiben. Wenn dieses „nur ein wenig“ Teil Ihres Lebens ist, Sie es jedoch gar nicht wollen, üben Sie den Buchstaben Ll durchgehend und Sie werden in Zukunft zwei, vielleicht sogar drei Mal darüber nachdenken, bevor Sie wieder in diese Angewohnheit fallen. Der Buchstabe Ll ermutigt Sie dazu, aus der Seele heraus zu entscheiden. Schreiben Sie weiterhin Ihr Wundertagebuch; Sie werden vielleicht überrascht werden.

Eeε: DER BUCHSTABE DER TOLERANZ

Die Geschichte des Buchstabe Eeε reicht fast so weit zurück wie die schriftlich aufgezeichnete Sprache selbst. Sogar im ägyptischen Hieroglyphen-Alphabet, der ägyptischen Geschäfts- oder Verwaltungsschrift, die auf die Hieroglyphen folgte, gab es diesen Buchstaben, auch wenn er seitlich gedreht war: ПП.

Im Alphabet steht das Eeε für unsere Bereitschaft, anderen zuzuhören und Mitgefühl und Verständnis all denen gegenüber zum Ausdruck zu bringen, die aus unserer Sicht ungewohnte oder unterschiedliche Anschauungen, Glaubenssätze oder einen anderen kulturellen Hintergrund haben. Es ist der Buchstabe des unvoreingenommenen Zuhörens. Es ist der Buchstabe der Toleranz.

Wenn Sie regelmäßige Ausdrücke wie „Ich denke“ oder „Ich glaube“ oder das Wort „sollte“ verwenden, befindet sich in Ihren Augen die Welt wahrscheinlich auf ihrem Weg zur Verdammnis, wenn man sich die momentane politische und wirtschaftliche Lage anschaut. Sie neigen dazu, schnell auf andere zu zeigen – weg von sich selbst. Vielleicht sagen Sie auch Dinge wie „Wenn doch nur dies“ oder „Wenn doch nur jenes“ und finden es schwierig, ein lohnendes Gespräch mit jemandem zu führen, der nicht mit Ihnen übereinstimmt.

Wenn auch nur eines davon auf Sie zutrifft und Sie dies gerne ändern möchten, fangen Sie noch heute damit an, diesen Buchstaben zu üben. Nachdem Tage und Wochen verstrichen sind, treten Sie einen Schritt zurück und beobachten, wie sich Ihr Herz öffnet, Ihre Ansichten nicht mehr in Stein gemeißelt sind, Ihr Verständnis Wurzeln schlägt und Ihr Bedürfnis, anderen zu sagen, „wie etwas ist“, deutlich nachlässt und vielleicht sogar ganz verschwindet. Während all dies geschieht, beginnt vielleicht auch Ihr Magengeschwür zu heilen, Ihr Blutdruck könnte sich senken und wer weiß, vielleicht bekommen Sie ja einen Strauß Blumen von jemanden zum Geburtstag, von dem Sie es am wenigsten erwartet hätten.

Großes *E*

Anleitung:

1. Zeichnen Sie eine einfache, umgedrehte Zahl 3 in der Ober- und Mittellänge.
2. Einfachheit: keine Schlaufen, keine Einführungsstriche, keine Winkel.

Das kleine tränenförmige *e*

Anleitung:

1. Beginnen Sie den Buchstaben mit einem Füßchen auf der Grundlinie.
2. Ziehen Sie den Strich bis zur Mittellinie.
3. Zeichnen Sie eine mittelgroße Schlaufe, wenn Sie wieder auf die Grundlinie zurückkehren.
4. Gehen Sie sicher, dass diese Schlaufe gedehnt und nicht geschlossen ist.
5. Beenden Sie den Buchstaben mit einem sanften Füßchen nach rechts.

Das kleine Epsilon ε

Anleitung:

1. Schreiben Sie eine umgedrehte Zahl 3 in der Mittellänge.
2. Sie können mit einem Einleitungsstrich beginnen ε.
3. Einfachheit: keine Schlaufen, keine Winkel.

Die Wirkung des Buchstabens Eeε

Wenn sich Ihre ε gravierend von der hier gezeigten, unterstützenden Schreibweise unterscheiden, könnte es schwierig werden, sie von jetzt an so zu üben. Ihre Offenheit und Bewegungsfreiheit laden Ihren Verstand dazu ein, auf die gleiche Weise auf die Glaubenssätze und das Verhalten von anderen zu reagieren. Es ist der Buchstabe der unermesslichen Toleranz, ein klarer Weg zu Selbstakzeptanz und Verständnis. Das Epsilon Eε bringt zudem Ihre kreative Natur, insbesondere Ihre Schreibfähigkeit hervor. Verbinden Sie das ε mit dem Epsilon r (ε), so genannt, weil es einem Epsilon ε ähnelt, und schon ist Ihr Roman auf dem Weg Wirklichkeit zu werden.

Ii: DER BUCHSTABE DER KLAREN WAHRNEHMUNG

Alphabetisch gesehen hat der Buchstabe Ii in der englischen Sprache mehrere Bedeutungen, da er mehr als eine Ausdrucksform hat. Es ist nicht nur ein Groß- und Kleinbuchstabe, sondern auch das großgeschriebene Pronomen „ich". Es ist sowohl ein Buchstabe als auch eine Identität. Um den Unterschied eindeutig zu machen, werde ich das Personalpronomen I mit PPI abkürzen.

Der Buchstabe Ii, der nicht das Personalpronomen bezeichnet, steht dafür, wie sehr wir in Umständen, die uns persönlich betreffen, präsent sind. Er beantwortet die Frage: „Sehe ich die Umstände klar und deutlich oder übertreibe ich, was ich sehe?"

Die Form des kleinen *i*-Stamms spiegelt wider, wie klar und objektiv wir Situationen interpretieren, die uns persönlich betreffen, und wie sehr wir uns darin verlieren. Wo der *i*-Punkt platziert wird, sagt uns, auf was der Schreiber seine Aufmerksamkeit richtet.

Schauen Sie sich die Seite, die Sie zu Beginn des Buchs vollgeschrieben haben, an. Wo haben Sie Ihre *i*-Punkte gesetzt? Wenn Ihre Aufmerksamkeit auf Ihren Urlaub in zwei Monaten gerichtet ist, werden sich die Punkte mehr zur rechten Seite befinden. Wenn Sie immer noch über ein Geschäft, das Sie vor drei Wochen versemmelt haben, nachdenken, werden sich Ihre *i*-Punkte mehr zur linken Seite befinden. Wenn Sie sich im Hier und Jetzt befinden, sitzt der *i*-Punkt direkt über dem *i*-Stamm.

Wenn Ihre Gedanken aber zwischen Zukunft und Vergangenheit hin- und herwandern, zwischen Urlaub in zwei Monaten, versemmeltem Geschäft, dem was Sie zum Mittagessen haben werden, und Ihren Plänen für nächstes Wochenende, werden Ihre *i*-Punkte überall verteilt sein. Wenn *i*-Punkte regelmäßig fehlen, kann diese mehreres bedeuten: Wenn die Schrift normal bis groß ist, bedeutet es, dass die Person das „große Bild" sieht und die kleinen Details jemand anders überlässt. In kleiner bis winziger Schrift, besonders in Kombination mit Winkeln, bezeichnet es Menschen mit einem außergewöhnlich scharfen Verstand. Sie vertiefen sich vollkommen in die kleinsten Details der gegenwärtigen Aufgabe und ihr konzentrierter, analytischer Verstand hat einfach keine Aufmerksamkeit für etwas anderes übrig – einschließlich *i*-Punkte. Nikola Tesla ist ein wunderbares Beispiel für diese Angewohnheit. Eine Probe seiner Handschrift sehen Sie in Kapitel 3 auf Seite 81.

Das Personalpronomen *I*

Der vertikale Strich ist eines der ältesten und einfachsten Zeichen der Menschheit und doch wurde es eine Besonderheit in der englischen Sprache, da er als stattliches großes *I* dient und zugleich das Personalpronomen für „ich" bezeichnet. Englisch ist übrigen die einzige Sprache, die das Pronomen für sich selbst großschreibt. Andere Sprachen schreiben das Anredepronomen *du* groß: Deutsch, Spanisch und Russisch, um nur ein paar zu nennen.

Großes *I*

Anleitung:

1. Beginnen Sie an der oberen Linie der Oberlänge und ziehen Sie einen kräftigen Strich nach unten auf die Grundlinie.
2. Zeichnen Sie zwei kräftige Querstiche, einen oben und einen unten, die etwas kürzer als der Abstrich sind.
3. Neigen Sie den oberen Querstrich leicht nach oben. Das bringt Ihre Einstellung mit hinein, mehr Möglichkeiten zu sehen und vorwärtszustreben.

Kleines *i*

Anleitung:

1. Beginnen Sie mit einem Füßchen.
2. Ziehen Sie den Strich bis zur Mittellinie.
3. Wenn Sie wieder auf die Grundlinie zurückkehren, ziehen Sie den Aufstrich nach.
4. Beenden Sie den Buchstaben mit einem sanften Füßchen nach rechts.
5. Platzieren Sie den *i*-Punkt direkt über den Stamm, und zwar so nah wie möglich, ohne dass sie sich berühren.

Die Wirkung des Buchstabens *Ii*

Wie so manch anderer Buchstabe ist das *Ii* eng mit dem Selbstbild des Schreibers verbunden. Es ist ausgesprochen wichtig, diesen Buchstaben im Gleichgewicht zu halten und all die oben genannte Fallen zu vermeiden. Wenn Sie Probleme haben, standhaft zu bleiben, und behutsam und dennoch bestimmt Ihren Platz in Anspruch nehmen wollen, schreiben Sie diesen Buchstaben gewissenhaft – besonders das große *I*. Schreiben Sie jeden Tag ein paar Zeilen, und wenn Sie möchten, gerne auch ein paar Seiten. Klienten, die gewissenhaft mit diesem Buchstaben gearbeitet haben, erzählen mir, dass sich sogar ihre körperliche Haltung aufgerichtet hat!

Der stabilisierende Faktor dieses fantastischen Buchstabens ist der vertikale Strich, den ich den „Ich bin"-Strich nenne. Er kommt in vielen Großbuchstaben vor, aber nicht mit derselben Wichtigkeit wie im Buchstaben *I*, da in der englischen Sprache dieser Buchstabe ein Statement der Persönlichkeit ist. Geben Sie ihm Bedeutung.

Zusammen mit dem Buchstaben *Ii* sollten Sie vielleicht auch die Buchstaben *Aa* und *Tt* üben, da sich diese drei Buchstaben gegenseitig unterstützen und ausgleichen.

Jj: DER BUCHSTABE DER INTUITION

Der Buchstabe *Jj* ist die neuste Ergänzung zum englischen Alphabet, da er erst um die Wende zum 19. Jahrhundert aufgenommen wurde. Jahrhundertelang wurde er lediglich als die Konsonantenform des Vokals *I* angesehen, aber nicht als eigenständiger Buchstabe. Sogar im *Dictionary of the English Language* (1755) des bekannten Dr. Samuel Johnson bekam der Buchstabe kein eigenes Kapitel, sondern war als Variante beim *Ii* untergebracht.

Wie der Buchstabe *Ii* zeigt das *Jj* an, in welchem Grad wir in Umständen, die uns persönlich betreffen, präsent sind, aber es geht noch einen Schritt weiter und sinkt in die Unterlänge ein und nutzt das Gefühl, das oftmals als Bauchgefühl bezeichnet wird. Der Buchstabe *Jj* steht also für unsere intuitive Einsicht.

Das Jj spiegelt wider, wie wir in Bezug auf jemanden oder über etwas fühlen, nicht emotional, sondern in dieser Art von Gefühl-Wissen, das vom sechsten Sinn, den wir alle haben, ausgelöst wird. Er wird auch oft als Erkenntnis, Intuition, übernatürliche Fähigkeit oder Ahnung bezeichnet. Das Jj steht für intuitives Wissen, dieses Bauchgefühl, von dem wir *wissen*, dass es richtig ist, auch wenn wir es manchmal als unglaubwürdig beiseitetun und uns später wünschen, wir hätten darauf „gehört".

Großes J

Anleitung:

1. Beginnen Sie auf der Grundlinie und ziehen Sie eine große Schlaufe nach links in die Oberlänge.
2. Ziehen Sie den Strich nachdrücklich in die Unterlänge und zeichnen eine mittlere Schlaufe auf der linken Seite des Abstrichs, die schmaler als die obere Schlaufe ist.
3. Kehren Sie wieder auf die Grundlinie zurück und beenden Sie den Strich, indem Sie über den ersten Strich nach rechts gerichtet kreuzen.

Kleines j

Anleitung:

1. Beginnen Sie auf der Grundlinie mit einem sanften Aufstrich.
2. Ziehen Sie einen kräftigen Strich in die Unterlänge und zeichnen Sie eine mittelgroße Schlaufe auf der linken Seite des Abstrichs, die zwei bis zweieinhalb Mal die Höhe der Mittellänge beträgt.
3. Kehren Sie auf die Grundlinie zurück und beenden Sie den Buchstaben nach rechts gerichtet.
4. Setzen Sie einen Punkt direkt über den Stamm. Keinen Kreis, Stern oder andere Dekorationen. Einen Punkt.

Die Wirkung des Buchstabens Jj

Wenn Sie Ihren Vorahnungen gegenüber argwöhnisch sind und sich später dafür selbst kritisieren, dass Sie ihnen nicht gefolgt sind, dann ist dieser Buchstabe vielleicht der richtige für Sie. Er erlaubt Ihnen, auf dem Wissen basierend zu handeln, dass Logik nicht der einzige Weg ist, Schlussfolgerungen zu ziehen oder Entscheidungen zu treffen. Er wird jegliche vom Verstand geleitete Übervorsichtigkeit abstreifen und Ihnen direkten Zugang zu Ihrer intuitiven Natur verschaffen. Er wird Sie dazu anhalten, auf Ihr Bauchgefühl zu hören und danach zu handeln. Versuchen Sie es. Sie werden vielleicht feststellen, dass Sie viel lächeln werden!

Kapitel 9
DIE FAMILIE DER ANGEWANDTEN KREATIVITÄT

Ff, Rrr, Ss

Ff: DER BUCHSTABE, SEINE EIGENEN TALENTE ZUM WOHLE ANDERER EINZUSETZEN

Der Buchstabe Ff gehört zu den faszinierendsten Buchstaben unseres Alphabets. Allerdings ist er auch mit am schwierigsten zu verändern, da er so viele unserer Denkmuster auf einmal ändert. Er steht für ein Bewusstsein, das geerdet, kreativ, organisiert, ausdrucks- und vertrauensvoll ist, alles in einem. Es ist auch der einzige Kleinbuchstabe, der in allen drei Längen zuhause ist: Ober-, Mittel- und Unterlänge. Er spiegelt unsere Bereitschaft wider, unseren einzigartigen Talenten den kreativen Atem einzuhauchen, zum Wohle unserer Mitmenschen.

Da dieser Buchstaben so sehr in unseren eigenen kreativen Prozess involviert ist, werde ich Ihnen ein paar f zeigen, die Sie nicht schreiben sollten. Ich zähle sie hier auf, weil sie so häufig vorkommen und doch so wenig nützlich sind.

Dieses hier nenne ich das Sekretärinnen-f. Die obere Schlaufe, der Bereich, in dem unsere eigene einzigartige Kreativität lebt, fehlt. Jemand, der die Arbeit von jemand anderem meist sehr gut und gründlich macht, aber seine eigene Schatztruhe voller Ideen nicht öffnet und diese umsetzt, schreibt oftmals dieses „f". Ich sage Sekretärinnen-f, da diese Form fast ausschließlich von Frauen geschrieben wird und und sie das Bewusstsein von Unterwürfigkeit verkörpert.

Das hier ist das selbstsabotierende-f. Es heißt so, weil die untere Schlaufe auf der anderen Seite sitzt. Die Unterlänge ist der Bereich der Handlung, der Beziehungen und der Vorwärtsbewegung. Wenn die Schlaufe in diesem bestimmten Buchstaben auf der entgegengesetzten Seite sitzt, steuert es Ihr Leben, Ihre Projekte und Beziehungen im gut geölten Rückwärtsgang in die entgegengesetzte Richtung.

Menschen, die immer das selbstsabotierende f schreiben, entdecken vielleicht ein lebenslanges Muster von Schwierigkeiten, wenn die Wertschätzung der eigenen Ideen zu kurz kommt. Sie sabotieren ihre eigene Kreativität, indem sie bis an einen bestimmten Punkt gelangen, dann jedoch kapitulieren und ihre eigenen Ideen auf der Strecke lassen, die Ideen und Konzepte von jemand anderem annehmen und als ihre eigenen ausgeben.

Damit Sie die fünf Teile des Buchstabens f und ihre jeweiligen Statements präzise zum Nachschlagen vor sich haben, habe ich sie hier aufgeführt:

1. Beginnen Sie auf der Grundlinie: „Ich bin geerdet."
2. Schlaufe in der Oberlänge: „Ich erkenne meine kreativen Talente voll und ganz an."
3. Untere Schlaufe: „Ich bin bereit, meine Talente tatkräftig und in einer greifbaren Form zu nutzen, die die Menschheit in irgendeiner Form unterstützen wird."
4. Verbindungsschlaufe: „Nichts kann mich aufhalten."
5. Schlussfüßchen auf der Grundlinie nach rechts: „Ich habe mein Bestes gegeben; die Ergebnisse liegen nun in Gottes Hand."

Großes F

Anleitung:

1. Beginnen Sie an der oberen Linie der Oberlänge und ziehen Sie einen kräftigen Strich nach unten auf die Grundlinie.
2. Setzen Sie einen Querstich oben auf den ersten Strich und einen in der Mitte.
3. Neigen Sie die Querstriche leicht nach oben.

Kleines f

Anleitung:

1. Beginnen Sie den Buchstaben mit einem sachten Füßchen auf der Grundlinie.
2. Zeichnen Sie eine mittelgroße Schlaufe in der Oberlänge.
3. Ziehen Sie den Strich in die Unterlänge und ziehen Sie ihn mit einer Schlaufe auf der rechten Seite des Abstrichs wieder nach oben.
4. Schreiben Sie eine Schlaufe, die etwas länger und etwas weiter, als die obere Schlaufe ist.
5. Wenn Sie wieder auf der Grundlinie angelangt sind, ziehen Sie den Strich nach links über den Abstrich und schreiben eine Verbindungsschlaufe nach rechts.
6. Beenden Sie den Buchstaben rechtsgerichtet auf der Grundlinie.

Die Wirkung des Buchstabens Ff

Jeder ist auf irgendeine Art und Weise kreativ, jeder ist auf irgendeine Weise besonders und jeder kam mit einer sehr spezifischen Aufgabe zur Welt. Jeder. Der Buchstabe Ff steht dafür, dass wir unsere Talente anerkennen und sie zum Wohle der Gesellschaft ausleben und gleichzeitig völlig frei von Erwartung sind, wie sie sich zeigen.

Wenn Sie etwas mehr von dieser Einstellung in Ihrem Leben gebrauchen könnten, nehmen Sie den Buchstaben Ff für die nächsten 40 Tage an und beobachten, was passiert. Die Auswirkungen dieses Buchstabens kommen so schnell, dass Sie wahrscheinlich bald Seiten anstatt nur ein paar Absätze in Ihr Wundertagebuch schreiben.

Rrr: DER BUCHSTABE DER ANGEBORENEN KREATIVITÄT

Der Buchstabe Rrr ist der Buchstabe der angeborenen Kreativität. So wie Sie und ich einzigartig sind, so besitzt auch das Rrr unterschiedliche Formen, jede mit der ihr innewohnenden Energie. Wenn Sie diesen Buchstaben schreiben, behalten Sie die unterschiedlichen Aspekte im Hinterkopf, die Sie in Ihrem eigenen Leben aktivieren, erwecken oder verfeinern können.

Großes R

Anleitung:

1. Beginnen Sie mit einem standfesten Abstrich auf die Grundlinie.
2. Heben Sie den Stift an und zeichnen Sie einen runden Bogen auf der oberen Hälfte des ersten Strichs.
3. Bleiben Sie mit dem Stift auf dem Papier und beenden Sie den Buchstaben mit einem leicht gebogenen Strich auf die Grundlinie.

Kleines r (abgeflachtes r)

Anleitung:

1. Beginnen Sie auf der Grundlinie mit einem sanften Aufstrich und schreiben Sie an der Mittellinie eine winzige Schlaufe.
2. Zeichnen Sie einen leicht nach oben gerichteten Querstrich.
3. Ziehen Sie den Strich mit einer sanften Kurve gerade auf die Grundlinie zurück und beenden Sie den Buchstaben mit einem sanften Füßchen nach rechts.

Verändern Sie dieses r leicht, indem Sie eine winzige Schlaufe zeichnen, wenn der Aufstrich die Richtung wechselt (r) und der kreative Schreiber in Ihnen kann gar nicht anders, als enthusiastisch an die Oberfläche aufzusteigen.

Kleines r, bekannt als Tesla-r

Dieser Buchstabe wird als Tesla-r bezeichnet, weil Nikola Tesla ihn immer so schrieb.
Anleitung:

1. Zeichnen Sie von der Grundlinie aus einen Aufstrich und anschließend einen kräftigen Abstrich wieder zurück auf die Grundlinie.
2. Fahren Sie den Strich als halben Bogen wieder nach oben bis zur Mittellinie und ziehen Sie ihn dabei ab der Grundlinie vom Abstrich weg.

Dieses r ist besonders für Wissenschaftler – den Ingenieur, den Physiklehrer und alle, deren Job es ist, abstrakte Konzepte praktisch umzusetzen – hilfreich.

Es schafft eine gut funktionierende Beziehung zwischen der Oberlänge, der Grundlinie und der Richtung nach rechts. Es vereint die Energien des Verstandes, der tagtäglichen Realität und zukünftiger Anwendungen. Schreiben Sie ein paar r's. Beobachten Sie, wie diese sich anfühlen.

Die Wirkung des Buchstabens Rrr

Der Buchstabe Rrr ist wie ein Spaten, der Talente ausgräbt, die eine Zeit lang vergraben waren. Sie sind sich vieler davon vielleicht nicht einmal bewusst. Wenn Sie, aufgrund dessen, was Sie als Kind gerne gemacht haben, das starke Gefühl haben, besondere kreative Fähigkeiten zu besitzen, schreiben Sie das Rrr mit Absicht und Beständigkeit und nehmen Sie die Ideen, die auftauchen werden, wahr.

Wenn Ihr Roman, Ihre Symphonie oder Ihr Gemälde keine Gestalt annehmen will, schreiben Sie dieses kleine r und r zusammen mit dem kleinen s, das wie eine Acht aussieht, und beobachten Sie, wie sich die Teile mit erstaunlicher Geschwindigkeit zusammensetzen. Mein Rat? Treten Sie einen Schritt zurück. Genie bei der Arbeit!

Ss: DER BUCHSTABE DES GLEICHGEWICHTS

Der Buchstabe Ss ist ein Buchstabe, der viel Würde ausstrahlt. Er steht dafür, wonach die meisten von uns in allen Breichen unseres Leben streben: *Balance,* also den Stress in unserem Leben zu reduzieren. Es hat damit zu tun, mit Freizeit, Arbeit, Spiritualität, Beziehungen, Sprechen, Tanzen und Lachen zu jonglieren, dabei jedes davon im Gleichgewicht mit dem anderen, da sie Fülle und Freude ins Leben bringen, ohne extreme Ausmaße anzunehmen. Seine Botschaft könnte „Jongliere mit diesen Äpfeln und halte sie in der Luft, aber mit Leichtigkeit" sein.

Die Botschaft des Buchstabens Ss lautet: „Weder zu viel noch zu wenig!" Gleichen Sie Freizeit mit Arbeit aus und seien Sie weder ein Workaholic noch ein Müßiggänger. So oft, wie Sie sprechen, so oft sollten Sie auch schweigen. So viel, wie Sie nehmen, so viel sollen Sie auch geben. So viel, wie Sie geben, sollten Sie auch bereit sein anzunehmen. Gleichgewicht. Gleichgewicht: Wie eine Ballerina *auf Spitzen*, grazil im Gleichgewicht für den nächsten Schritt, bereit, sich in jegliche Richtung zu drehen.

Die Einstellungen, die von dem altmodischen s, das Sie in der Schule gelernt haben, unterstützt werden, sind Habgier, Unbeweglichkeit und Egoismus. Der Großbuchstabe wurde mit einem engen Knoten in der Oberlänge und einem Schrägstrich nach unten gezeichnet (S). Der Kleinbuchstabe war oben spitz und mit einem Schrägstrich nach unten zusammengezogen(s). Keine sehr weise Entscheidung, das s so zu schreiben, wenn Stress Ihr Leben beherrscht!

Wenn Sie den Unterschied zwischen den Bedeutungen der verschiedenen S erleben möchten, schreiben Sie ein paar Zeilen mit dem s, wie Sie es in der Schule gelernt haben, und ein paar Zeilen von diesen hier: S S S S s s s s. Spüren Sie den Unterschied für sich selbst.

Viele Klienten haben mir erzählt, dass sich ihre Schultern entspannen, Spannungen in ihrem Hals verschwinden und der Druck, mit dem sie den Stift halten, nachlässt, wenn sie den Buchstaben Ss üben.

Da Balance im Umgang mit Stress und Konflikten ausschlaggebend ist, ist der Buchstabe Ss ein Schlüsselbuchstabe für Sie, wenn Sie beim Versuch, Ihr Arbeits-, Sozial- und Familienleben unter einen Hut zu bringen, ständig Ihre Belastungsgrenze überschreiten.

Wenn wir gerade beim Thema Stress sind: Hier ein Muster, das Sie vielleicht beim Schreiben oder einfach nur so zum Kritzeln verwenden möchten. Es senkt sofort den Blutdruck, verlangsamt die Atmung, beschwichtigt alle Ängste und vermindert geistige Anspannungen. Ich nenne es „Meilen der Schnürbänder“.

Ich lehre dieses Muster in Workshops für Mitarbeiter im Gesundheitssektor, und bis heute bekomme ich viele wunderbare Geschichten dazu erzählt. Mitarbeiter in der Psychiatrie, Krankenschwestern und Ärzte im ganzen Land erzählen mir, dass sie ihre Patienten dazu ermutigen, sich einmal am Tag hinzusetzen und nur die „Meilen der Schnürbänder“ seitenweise zu schreiben. Spektakulär, herzerwärmend, schön anzusehen, unglaublich, „lassen Tränen in mir aufsteigen", solch ein Segen – alles das sind Formulierungen aus den Briefen, die ich erhalten habe.

Wegen seiner verlangsamenden Wirkung sollten Sie so aber auf keinen Fall Ihr großes *L* schreiben.

Großes *S*

Anleitung:

1. Beginnen Sie an der oberen Line der Oberlänge, als wenn Sie ein c schrieben.
2. An der Mittellinie angelangt, drehen Sie den Strich um und schreiben ein umgedrehtes c zwischen der Mittellinie und der Grundlinie.
3. Beenden Sie den Buchstaben mit einer sanft gebogenen Schlaufe nach rechts auf der Grundlinie.

Kleines *s*

Anleitung:

1. Zeichnen Sie dieselbe Form wie das große *S*, lediglich in der Mittellänge.

Die Wirkung des Buchstabens *Ss*

Wenn Sie bemerkt haben, dass das, was Sie schwächt, eine Tendenz hin zum Extremen ist, oder Sie zu viel auf einmal jonglieren – oder beides –, üben Sie dieses *Ss* noch heute. Spielen Sie mit ihm, machen Sie einen Spaß daraus, nehmen Sie es in Ihre täglichen Schreibübungen auf und Sie werden feststellen, wie sich Ihre Energie wieder auf die Mitte richtet, anstatt sich zu weit in alle Richtungen zu dehnen oder orientierungslos herumzurennen. Ein absolut erstaunlicher Buchstabe.

Kapitel 10
DIE FAMILIE DES ANSEHENS

Tt, Kk, Bb

Tt: DER BUCHSTABE DES VISIONÄRS

Der stattliche Buchstabe Tt sagt ziemlich viel aus. Und das soll auch so sein, denn er repräsentiert unsere Einstellung zu unserem Beruf, dem Bild, das wir nach außen hin zeigen, und in welcher Größe wir gewillt sind, uns zu zeigen. Es ist der Buchstabe des Selbstwerts und des Selbstwertgefühls.

Wenn Sie sich noch daran erinnern: Sein Cousin Dd spiegelt wider, wer wir in dieser Welt sind. Das Tt ist das Niveau dessen, was wir tun: unseres Arbeitslebens, unseres Berufs und der Energie, Entschlossenheit und Absicht, die wir gewillt sind, darin zu investieren.

Dieser majestätische Buchstabe befasst sich mit der Bereitschaft, sich selbst zu übertreffen, aufrecht mit erhobenem Haupt dazustehen und sich zu weigern, mittelmäßig zu sein. Es besteht aus zwei Teilen, dem Stamm und dem Querstrich, die miteinander tanzen. Wenn sie mit Energie gezeichnet werden, ist ihre Haltung aufrecht, ihre Arme weit ausgestreckt und ihr Schwung ist nach vorn gerichtet.

Schreiben Sie diesen Buchstaben mit einem eindeutigen Ziel und einer klaren Absicht. Lassen Sie den Stift tanzen. Schreiben Sie klar und eindeutig. Obendrein stellen Sie sicher, dass sich keine

Schlaufe im Stamm befindet. Eine Schlaufe hier weist auf Empfindlichkeit gegen Ihre Rolle oder Ihren Beruf hin; sie kann Sie davon abhalten, stolz auf das zu sein, was Sie tun. Setzen Sie den Querstrich direkt oben auf den Stamm – keinen Millimeter darunter, sondern direkt obendrauf. Das zeigt, wie weit wir bereit sind zu gehen, um unsere Ziele zu erreichen. Je weiter der t-Querstrich am Stamm herunterrutscht, desto geringer wird auch Ihre Entschlossenheit, etwas zu erreichen. So wie wir das t in der Schule gelernt haben, mit dem Querstrich mitten auf dem Stamm, verstärkt sich die Mittelmäßigkeit.

Der Stamm des Großbuchstabens und des Kleinbuchstabens ist jeweils vertikal und sitzt in der Mittel- und Oberlänge. Die Form des Querstrichs ist ausschlaggebend, da er unser *Willensstärke-Strich* ist – der Strich, der unsere Ziele setzt und sie mit der Bereitschaft, diese auch zu erreichen, erfüllt.

Der Buchstabe T t fasst Ihre Zielsetzung und Ihr Selbstwertgefühl deutlicher zusammen als jede andere Strichkombination. Diese beiden Qualitäten verkünden, wie viel Energie Sie bereit sind, in Ihre Träume, Projekte und Ihr Leben zu stecken.

Großes T

Anleitung:

1. Beginnen Sie mit einem standfesten Abstrich auf die Grundlinie.
2. Heben Sie den Stift an. Setzten Sie einen kräftigen, leicht nach oben geneigten Querstich auf den ersten Strich.
3. Gehen Sie sicher, dass der Querstrich auf beiden Seiten gleich lang ist und leicht nach oben geneigt verläuft.
4. Es ist wichtig, dass der Querstrich direkt auf dem Stamm liegt und nicht darüber oder darunter platziert wird.

Kleines *t*

Anleitung:

1. Beginnen Sie mit einem Füßchen auf der Grundlinie und ziehen Sie einen geraden Strich bis an die obere Linie der Oberlänge.
2. Wenn Sie wieder auf die Grundlinie zurückkehren, ziehen Sie den Aufstrich ganz genau nach. Schreiben Sie keine Schlaufe im Aufstrich.
3. Beenden Sie den Buchstaben mit einem Füßchen auf der Grundlinie.
4. Heben Sie den Stift an.
5. Setzen Sie einen kräftigen Querstrich oben auf den Stamm und achten Sie darauf, dass die Seiten rechts und links des Stamms jeweils gleich lang sind.
6. Genau wie beim Großbuchstaben ist es auch hier wichtig, dass der Querstrich direkt auf dem Stamm liegt und nicht darüber oder darunter platziert wird.

Die Wirkung des Buchstabens *T t*

Wenn es so scheint, als könnten Sie wichtige Ziele nicht erreichen und als könnte Ihr Selbstwertgefühl ein wenig Stärkung gebrauchen, dann wird Ihnen dieser Buchstabe Kraft geben und Sie unterstützen. Das Statement des kraftvoll geschriebenen *T t* gibt den Esprit einer Person wieder, die entschlossen, voller Antrieb und enthusiastisch ist. Die danach strebt, sich selbst Ziele weit über denen von normalen Menschen zu stecken und zu erreichen. Es ist die Aussage einer Person, die vollkommen lebendig ist. Wenn dies mit dem, wie Sie sich selbst empfinden, widerhallt, beanspruchen Sie diesen Buchstaben für sich, nehmen Sie einen Stift zur Hand und fangen Sie noch heute an, ihn zu schreiben.

Th th LIGATUR: DER BUCHSTABE DER FLEXIBILITÄT

Eine Ligatur ist eine Verbindung zweier Buchstaben, bei der der zweite Buchstabe als Teil des Ersten geschrieben wird. Schlagen Sie die Beschreibung dieser kraftvollen Strichkombination im Kapitel 3, Punkt 18, nach und verwenden Sie diesen Buchstaben regelmäßig beim Schreiben. Aber achten Sie darauf, den kontraproduktiven Schüsselstrich zu vermeiden: th.

Die Wirkung von Th

Diese Großbuchstabenligatur sorgt nicht nur für Leichtigkeit, sondern, wenn der Querstrich *wie ein Schirm* geschrieben wird, fügt er auch noch Selbstdisziplin hinzu. Wenn Sie das Gefühl haben, dass diese Eigenschaft Ihnen dabei helfen könnte, Ihre gesteckten Ziele zu erreichen – regelmäßig Sport zu treiben, auf Ihre Ernährung zu achten, mit dem Rauchen aufzuhören –, dann sollten Sie diesen Buchstaben immer wieder üben. Sie werden seine Auswirkung umgehend spüren. Um die Selbstdisziplin weiter zu verstärken, können Sie den gebogenen Querstrich nicht nur auf die Th Ligatur setzen, sondern hin und wieder auch auf ein einfaches T.

Die Wirkung von th

Wenn Sie mit Menschen zusammenleben oder arbeiten, mit denen Sie in wichtigen Angelegenheiten oftmals nicht einer Meinung sind, beginnen Sie diesen Buchstaben in Ihre Schreibübungen aufzunehmen. Sie werden einen deutlichen Unterschied spüren. Wenn einer dieser Menschen Ihr Liebhaber, Ihr Ehegatte oder Ihr Kind ist, ist dieser Buchstabe besonders wertvoll, da er Leichtigkeit in Ihre Gespräche bringen wird.

Das sanfte th sorgt dafür, dass Sie mit offenen Verstand zuhören, anstatt zu streiten oder den anderen beim Sprechen zu unterbrechen; es wird etwas in Ihnen öffnen, das vielleicht fremd, aber dennoch freundlich ist – wie jemand, den Sie gerade erst kennengelernt haben, aber sofort mögen. Es wird Sie dabei unterstützen, Ideen, Beiträge und Ansichten, die Ihren eigenen widersprechen, gegenüber wirklich offenzubleiben. Es wird all Ihre Beziehungen mit Offenheit und der Bereitschaft, die passende Lösung für alle Beteiligten zu finden, segnen. Wenn dies nach einem verlockenden Konzept klingt, verwenden Sie auch dieses *Th*.

Kk: DER BUCHSTABE FÜR DEN UMGANG MIT AUTORITÄT

Dieses *Kk* mag für Sie vielleicht seltsam aussehen, wenn Sie es gewohnt sind, das altmodische mit Schlaufen zu verwenden. Vielleicht sagen Sie jetzt auch: „Das ist ja Druckschrift." Und ich würde Ihnen antworten: „Ja, genau." Das ist der einzige Buchstabe, der ausgewogen und unterstützend ist, wenn sowohl der Groß- als auch der Kleinbuchstabe in Druckschrift geschrieben sind. Der Buchstabe *Kk* gibt die Einstellung Autoritäten gegenüber wieder, und die alte Form mit den Schleifen besagt, dass man seine eigenen Wünsche aufgeben und die Forderungen anderer annehmen muss, um respektiert zu werden. Mit anderen Worten: „Tu, was man dir sagt."

Wenn das *Kk* auf eine unausgeglichene Weise geschrieben wird, kann es auch für eine unterschwellige Aufsässigkeit stehen. Jemand, der ein unterstützendes *Kk* schreibt, kann das tun, was den Umständen gemäß notwendig ist, ohne das Gefühl zu haben, sich dagegen auflehnen zu müssen, oder den Druck zu verspüren, die eigene Macht abgeben zu müssen und Schiffbruch zu erleiden. Ausgewogen und respektvoll geschrieben ist der Buchstabe *Kk* ein stattlicher Buchstabe.

Großes K

Anleitung:

1. Beginnen Sie an der oberen Linie der Oberlänge und zeichnen Sie einen kräftigen Abstich bis zur Grundlinie.
2. Heben Sie den Stift an.
3. Schreiben Sie ein seitliches v an den ersten Strich. Beginnen Sie dafür an der oberen Linie der Oberlänge und beenden Sie den Strich auf der Grundlinie.

Kleines k

Anleitung:

1. Eine verkleinerte Version des Großbuchstabens, bei der der Stamm genauso hoch ist wie beim Großbuchstaben.
2. Beginnen Sie mit dem seitlichen v nicht höher als die Mittellinie.

Die Wirkung des Buchstabens K k

Wenn Sie die Angewohnheit in Ihrem Leben haben, alles und jeden zu Ihrem eigenen Nachteil herauszufordern, kann ein unterstützendes K k Sie darauf aufmerksam machen, wenn Widerspruch nicht notwendig oder sinnvoll ist.

Der Abstrich des Buchstabens zeigt Ihre Präsenz und Autorität an. Das seitliche v lädt Sie dazu ein, Entscheidungen nicht defensiv zu treffen, sondern alle vorhandenen Optionen genau zu bewerten. Es gibt Ihnen Zeit, innezuhalten und nachzudenken, statt einfach nur zu reagieren.

Bb: DER BUCHSTABE DES SEELENBEZOGENEN GESCHÄFTSSINNS

Dies ist ein Buchstabe voller Kraft und Energie. Gut gezeichnet, ist er fließend, klar und bestimmt. Das Bb steht dafür, mehr Gefühl ins Geschäftsleben zu bringen. Es lädt den prinzipientreusten Teil von Ihnen dazu ein, bei allen geschäftlichen Angelegenheiten nach einer Win-win-Situation zu suchen.

Ein unterstützendes Bb gibt Manipulation, Gier und Hintergedanken keinen Raum. Ausgewogen, geweitet und klar geschrieben, richtet es die Aufmerksamkeit auf Kooperation anstatt auf Konkurrenz, auf Qualität statt Mittelmaß und hat stets das Ziel, alle Beteiligten als Gewinner dastehen zu lassen. Was für ein wunderbarer Buchstabe.

Großes B

Anleitung:

1. Beginnen Sie an der oberen Linie der Oberlänge und zeichnen Sie einen kräftigen Abstich bis zur Grundlinie.
2. Heben Sie den Stift an.
3. Schreiben Sie zwei nach rechts gerichtete Bögen, wobei der obere etwas kleiner als der untere ist.
4. Achten Sie darauf, dass sie oben und unten geschlossen sind.
5. Beenden Sie den Buchstaben mit einer sanften, innenliegenden Schlaufe nach rechts auf der Grundlinie.

Kleines b

Anleitung:

1. Beginnen Sie an der oberen Linie der Oberlänge und zeichnen Sie einen kräftigen Abstich bis zur Grundlinie.
2. Heben Sie den Stift an.

3. Schreiben Sie einen rechts gerichteten Bogen und beenden Sie ihn mit einer sanften, innenliegenden Schlaufe nach rechts.
4. Achten Sie darauf, dass der Bogen auf der Grundlinie geschlossen ist.

Die Wirkung des Buchstabens Bb

Wenn Sie auf irgendeine Weise geschäftlich tätig sind – sei es als Lehrer, Erzieher, Autoverkäufer oder Politiker –, wird Sie dieser Buchstabe, wenn er durchgehend auf eine unterstützende Weise geschrieben wird, darin bestärken, neue und geeignete Wege zu finden, langjährige Probleme zu betrachten und zu lösen, und zwar basierend auf einer prinzipientreuen Haltung.

Es wird Ihnen die Fähigkeit geben, „die Arbeit sauberer zu hinterlassen, als Sie sie vorgefunden haben", wenn ich hier eine bekannte Redensart leicht abändern darf. Zudem ermöglicht es Ihnen, anderen beruflich ein Vorbild zu sein, noch lange über Ihr Weggehen hinaus. Das Bb ist wahrlich ein Buchstabe des 21. Jahrhunderts.

Kapitel 11

DIE FAMILIE DES VERTRAUENS UND DER INNEREN AUTORITÄT

Cc, Xx

Cc: DER BUCHSTABE DES VOLLSTÄNDIGEN VERTRAUENS

Der Buchstabe mag vielleicht harmlos aussehen, aber ist sehr schwer zu ändern. Vor allem wenn er der erste Buchstabe Ihres Vornamens ist, schreiben Sie ihn von jetzt an so – C – und sehen Sie, wie Sie sich dabei fühlen. Wenn ich Ihnen vorschlagen darf, ändern Sie auch Ihre Unterschrift und verwenden Sie die vereinfachte Form dieses unglaublich kraftvollen Buchstabens.

Genau wie sein Bruder, der Buchstabe Gg, der vom Buchstaben Cc abstammt, hat dieser fantastische Buchstabe mehrere Bedeutungen. Er steht für Vertrauen auf der tiefsten Ebene und unsere Bereitschaft, verletzlich und frei von Urteilen über uns selbst und andere zu sein, insbesondere bei weiblichen Autoritätspersonen in unserem Leben.

Jegliche Art von Haken, Schlaufen, Drehungen oder Kringeln – alle Ausschmückungen in diesem Buchstaben – sind ein Spiegel unseres negativen Urteils über eine andere Person in unserem Leben. Und es ist unser negatives Urteil und nicht die Person selbst, die verhindert, dass wir mit ihr eine Verbindung aufbauen.

Beim Buchstaben Cc ist diese Person meist unsere eigene Mutter, die, wie Sie vielleicht festgestellt haben, in unserem Leben in jeglicher weiblichen Autoritätsperson widerhallt. Sehen Sie sich um. Schauen Sie es sich selbst an. Vergebung, Mitgefühl, Verletzlichkeit, Offenheit, echte Ehrlichkeit und wahre Freude sind unmöglich, solange wir in diesem Bereich an negativen Urteilen festhalten. Unmöglich.

Es gibt zwei Dinge im Leben, die wir nicht ändern können: die Vergangenheit und andere Menschen. Wir können keine friedliche Gegenwart oder Zukunft erschaffen, bis wir die Vergangenheit, so wie sie war, und alle darin, so wie sie waren, segnen – einschließlich uns selbst – und alles loslassen.

Das Cc vollkommen offen zu lassen, hilft dabei, negative Urteile loszulassen: ohne Haken, Schlaufen und ohne Einleitungsstrich von der Grundlinie. Erlauben Sie absolut nichts, was das Cc auch nur im Entferntesten schließen könnte. Zeichnen Sie es als einen einfachen Dreiviertelkreis: klar, offen, einladend und frei.

Großes C

Anleitung:

1. Beginnen Sie an der oberen Linie der Oberlänge und zeichnen Sie in der Ober- und Mittellänge einen sauberen, ordentlichen Dreiviertelkreis, der nach rechts hin offen ist.
2. Keine Haken, Kreise, Schlaufen oder anderen Ausschmückungen.

Kleines c

Anleitung:

1. Zeichnen Sie dieselbe Form wie das große C, nur in der Mittellänge.

Die Wirkung des Buchstabens Cc

Wenn Sie dazu tendieren, immer kritisch zu reagieren, und Sie diese Eigenschaft stört und wenn Sie Ihrer Mutter für so ziemlich jede Schwäche in Ihrer Persönlichkeit oder und für jeden Fehler in Ihren Beziehungen die Schuld geben, dann sollten Sie den Buchstaben Cc üben.

Aber lassen Sie sich nicht täuschen: Er mag einfach aussehen, aber wenn Sie mit dem Üben anfangen, werden Sie feststellen, dass dem nicht so ist. Ich hatte einst eine Klientin, die festentschlossen war, sich von all ihren „Mutterthemen" zu befreien, wie sie sie nannte. Sie begann, den Buchstaben Cc zusammen mit zwei weiteren Änderungen in ihrer Handschrift entschlossen und eifrig zu üben.

Nach drei Tagen rief sie mich an. „Schau, Vimala, ich habe über 20 Seiten dieses verdammte Cc geschrieben. Ich habe einen Kugelschreiber, zwei andere Stifte in verschiedenen Farben und sogar einen Füller ausprobiert, aber dieser verdammte Haken ist immer noch da. Was geht hier vor sich?!" Die Antwort wurde ihr beim Sprechen klar und wir mussten beide lachen. Immer noch geladen endete sie mit der Frage: „Meinst du, es könnte etwas mit den Urteilen, die ich immer noch über meine Mutter habe, zu tun haben?" Dann mussten wir *wirklich* lachen.

Xx: DER BUCHSTABE DER INNEREN AUTORITÄT

Halten Sie eine Minute inne und fragen sich selbst: „Wo habe ich diesen Buchstaben schon einmal gesehen?" Umarmungen und Küsschen am Ende eines Briefes werden häufig so geschrieben. Für einen Analphabeten wird dieser Buchstabe zu seiner Identität, wenn er ein Dokument unterschreiben muss. Keiner wird ein Q, L, E oder M als Unterschrift verwenden, egal wie vornehm diese Buchstaben sein mögen. Nein. Man wird einen Namen mit dem Buchstaben Xx unterzeichnen.

Grundsätzlich steht der Buchstabe Xx für Ihre innere Autorität, den Teil von Ihnen, der Ihre Exklusivität auf diesem Planeten, Ihre Haltung, Ihre Festigkeit, Ihre Präsenz wiedergibt. Mit vier *v*, die in der Mitte miteinander verbunden sind, ist dieser Buchstabe eine visuelle Darstellung von Entscheidungen, die von Gedanken (V), Gefühlen (Λ), der Vergangenheit (>) und der Zukunft (<) ausgehen und sich im Herzen (X) treffen.

Alphabetisch gesehen besitzt der Buchstabe Xx eine lange Geschichte rund um den Globus. In den germanischen Runen stand der Buchstabe, der wie ein Xx aussah und *gebo* hieß, für die Partnerschaft des Selbst mit dem Höheren Selbst, eine Bedeutung, die bis heute gültig ist.

Xx steht auch für das Unbekannte, für Geheimnisse. Es ist der Buchstabe, den die Römer für die Zahl 10 verwendeten, eine der wichtigsten Zahlen in der Mathematik und die großartigste Zahl in der Kabbala sowie in der Lehre des Pythagoras.

Leider haben wir nur sehr wenige gebräuchliche Wörter, die mit diesem eloquenten Buchstaben beginnen, aber doch ein paar, die mit der Vorsilbe *ex-* beginnen, sodass wir den Buchstaben doch gelegentlich schreiben.

Diese drei Fakten müssen Sie sich merken:

1. Der Buchstabe Xx repräsentiert eine feste Haltung, mit vier *v*, die in der Mitte miteinander verbunden sind. Wenn Sie sich noch erinnern, steht der Buchstabe Vv dafür, Entscheidungen zu treffen, die sowohl selbst- als auch fremdbezogen sind.
2. Verbinden Sie den Buchstaben Xx nicht mit dem vorhergehenden oder nachfolgenden Buchstaben. Dieser Powerbuchstabe steht immer alleine.
3. Beginnen Sie den Buchstaben niemals mit irgendeiner gebogenen Linie. Schreiben Sie auch keine derartigen Formen irgendwo

in der der Mitte oder am Ende. Er besteht einfach aus vier *v*, die in der Mitte miteinander verbunden sind.

Großes *X*

Anleitung:

1. Beginnen Sie an der oberen Linie der Oberlänge und ziehen Sie einen diagonalen Strich von rechts oben nach links unten und enden auf der Grundlinie / ↙ .Heben Sie den Stift an.
2. Beginnen Sie wieder an der oberen Linie der Oberlänge und zeichnen Sie einen diagonalen Strich von links oben nach rechts unten, wobei Sie ersten Strich kreuzen \ ↘ . Hören Sie wieder auf der Grundlinie auf.
3. Die Reihenfolge dieser Striche ist wichtig, da sie den Buchstaben nach rechts gerichtet beenden möchten.

Kleines *x*

Anleitung:

1. Zeichnen Sie dieselbe Form wie das große *X*, lediglich in der Mittellänge.
2. Verbinden Sie diesen Buchstaben mit keinem anderen. Wie sein Cousin, der Buchstabe *Vv*, steht der Buchstabe *Xx* immer alleine in einem Wort.

Die Wirkung des Buchstabens *Xx*

Wenn Sie stets andere Menschen zitieren, um ein Argument anzubringen, sei es den Papst, die Kanzlerin, Ralph Waldo Emerson oder Ihren Nachbarn, anstatt mit eigenen Worten Ihre eigene Überzeugung vorzutragen, empfehle ich Ihnen auf jeden Fall, den Buchstaben *Xx* zu üben. Um sich selbst weiter zu unterstützen, sollten Sie vielleicht auch das *Vv* und Ihre Unterschrift üben, da diese eng miteinander verbunden sind.

Wenn Sie all diese Änderungen auf einmal übernehmen, wird sich Ihr Selbstwertgefühl verstärken und erweitern. Ihr Bedürfnis, sich zu verteidigen, zu protestieren, zu murren oder andere zu zitieren wird sich langsam auflösen. Sie werden lernen, in sich zu gehen, um nach Antworten zu suchen, und dem, was Sie finden, zu vertrauen.

Kapitel 12
DAS Zz STEHT ALLEIN

Zz: DER BUCHSTABE DER VOLLKOMMENEN ZUFRIEDENHEIT

Der Buchstabe Zz ist ein Buchstabe mit viel Charakter, der Großvaterbuchstabe des Alphabets, da er auf den Rest seiner Alphabetfamilie mit tiefer Weisheit zurückblickt und sanft mit vollkommener Überzeugung und ohne jegliches Werten sagen kann: „Mein Leben ist ganz und vollständig."

Zufriedenheit ist die Belohnung eines gut gelebten Lebens. Es ist eine Tugend, die man lernt, wenn man die Erfahrungen des Lebens als Katalysator verwendet, um Wissen in Weisheit zu verwandeln. Die Quintessenz des Buchstaben Zz besagt, dass alles im Leben so ist, wie es sein sollte, dass alles im Leben letztendlich perfekt ist und dass alles im Leben heilig ist.

1993 erzählte ich vor einer Klasse, wie sehr ich den Buchstaben Zz liebe, und beschrieb seine großväterlichen Zügen. Einer meiner Schüler, der sich im Judentum sehr gut auskannte, berichtete uns, dass *Zayde* Jiddisch für „Großvater" sei. Als er dies sagte, hörte ich von irgendwo tief drinnen einen Chor laut und zustimmend jubeln. Ich liebe diesen Buchstaben!

Großes Z

Anleitung:

1. Beginnen Sie an der oberen Linie der Oberlänge und schreiben nur in der Oberlänge einen Bogen, der nach links hin offen ist.
2. Ab der Mittellänge schreiben Sie eine vollständige Schlaufe in der Mittel- und Unterlänge.
3. Bringen Sie den Schlussstrich wieder nach oben und beenden Sie den Buchstaben nach rechts gerichtet auf der Grundlinie.

Kleines z

Anleitung:

1. Zeichnen Sie dieselbe Form wie beim großen Z, aber in der Mittel- und Unterlänge.

Die Wirkung des Buchstabens Zz

Wenn Sie sich die meiste Zeit beschweren und wünschen, die Dinge wären anders, aber nichts dagegen unternehmen oder Sie ängstlich und unsicher sind, was Ihre Beziehungen, Ihren Jobs oder die Welt im Ganzen betrifft, üben Sie den Buchstaben Zz. Das wird die Angst, die diesen Gefühlen zugrunde liegt, verringern, Sie ermutigen, „Genug!" zu sagen und sie eventuell ganz verbannen.

Der Buchstaben Zz schenkt uns Zufriedenheit, die von innerem Frieden herrührt. Dieser Friede lässt keine Urteile zu. Er ist eine Beruhigung des Geists, der von dem Wissen stammt, dass sich die Welt in ihrer eigenen Geschwindigkeit dreht. Das Einzige, für das Sie verantwortlich sind, sind Sie selbst, nichts und niemand sonst. Wenn Sie mit dem Üben des Zz beginnen, schreiben Sie auch täglich in Ihr Wundertagebuch, da sich die Seiten bald mit den außergewöhnlichsten Geschichten Ihrer Reise zur Selbsttransformation füllen werden.

TEIL DREI

MIT DEN VERÄNDERUNGEN BEGINNEN

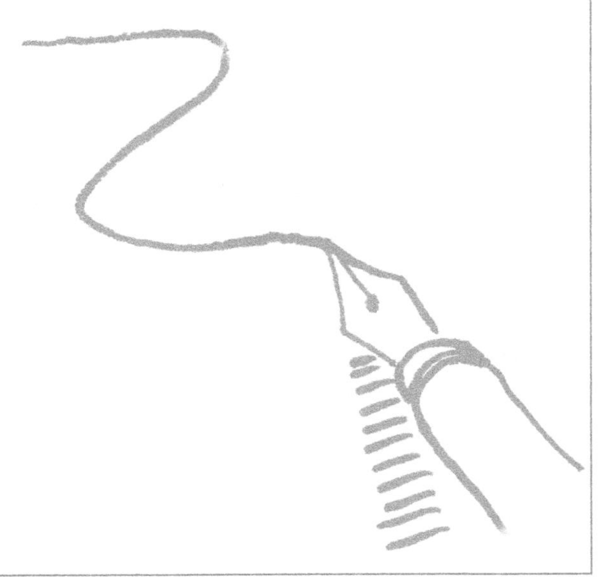

Kapitel 13
WIE SIE IHRE HANDSCHRIFT VERÄNDERN KÖNNEN

Wenn Sie es leid sind, ein überraschter Zuschauer Ihres eigenen Lebens zu sein, und darauf brennen, diese Rolle in die eines aktiven und engagierten Teilnehmers zu verwandeln, dann ist die Veränderung Ihrer Handschrift der schnellste und sicherste Weg.

Bitte denken Sie an das Puzzle: Ein Puzzleteil ist nur ein Teil des Puzzles. Um das ganze Bild zu sehen, ist jedes Teil in Beziehung zu den anderen Teilen zu sehen.

1. Um die gewünschten Ergebnisse zu erhalten, ist es notwendig, dass Sie Ihre neue Handschrift jeden Tag üben, und zwar mindestens 20 Minuten am Tag, wenn möglich länger. Je mehr Sie schreiben, desto schneller erreichen Sie Ihr Ziel.
2. Zeichenblöcke eignen sich wunderbar als Übungsblock, da sie nicht liniert sind. Ansonsten können Sie auch einen Stapel Blätter, ca. 150 Stück, unliniertes Papier nehmen und es zu einem Spiralblock zusammenbinden lassen. Die meisten Copyshops können das für Sie erledigen.
3. Schreiben Sie im Querformat mit einem Kugelschreiber, einem Gelschreiber oder einem Füller.
4. Wählen Sie entweder zwei Veränderungen (z. B. Wortabstand und Schreibgröße) zusammen mit drei Buchstabenänderungen oder umgedreht: zwei Buchstabenänderungen und drei weitere Änderungen.
5. Üben Sie alles 40 Tage lang ohne Unterbrechung.

TÄGLICHES ÜBEN

Beschreiben Sie jeden Tag zwei Blatt Papier hinten und vorn.

Für die Buchstabenänderungen: Schreiben Sie jeweils drei Zeilen Groß- und Kleinbuchstaben pro Buchstabe.

Anschließend schreiben Sie eine Zeile mit Wörtern Ihrer Wahl, die mit diesem Buchstaben beginnen.

Danach schreiben Sie eine Zeile mit Wörtern Ihrer Wahl, die diesen Buchstaben in der Mitte haben.

Und zum Schluss schreiben Sie eine Zeile mit Wörtern Ihrer Wahl, die mit diesem Buchstaben enden.

Beschreiben Sie den Rest Ihrer zwei Seiten und verwenden Sie dabei sowohl Ihre neuen Buchstabenänderungen als auch Ihre anderen Schreibänderungen, wie Randabstände, Größe etc.

Schreiben Sie nichts ab, sondern lassen Sie Ihre Gedanken frei in den Stift fließen. Seien Sie geduldig mit sich selbst. Schreiben Sie langsam. Denken Sie daran: Sie richten nicht Ihre Hand neu aus, sondern Ihren Verstand. Es braucht Bedacht und Zeit, bis sich der Widerstand legt und die Änderungen fließend werden.

Üben Sie Ihre Schreibänderungen jeden Tag – mindestens 40 Tage lang. Zu viele Änderungen auf einmal können Sie entmutigen. Nehmen Sie Änderungen in Ihrem Verhalten bewusst wahr, wenn Sie Ihre Handschrift ändern, und schreiben Sie diese in Ihr Wundertagebuch.

DAUER DER SCHREIBÜBUNG

Es bedarf 40 Tage durchgehender Übung, bis sich neue Angewohnheiten im Gehirn verfestigt haben. Es ist kein Zufall, dass in fast allen spirituellen Traditionen die Zahl 40 eine besondere ist. Sie steht für die Zeit der Vorbereitung, bevor das angestrebte Ziel erreicht wird. 40 ist die Zahl der Veränderung.

Es ist der Anfangspunkt, an dem wir nicht wissen, wie es geschehen wird, aber darauf vertrauen, dass es geschieht. Die Geschichte zeigt uns, dass wir uns in guter Gesellschaft befinden, denn das Leben einiger wichtiger Persönlichkeiten wurde immer wieder von dieser Zahl maßgeblich beeinflusst: Gilgamesch, Moses, die Israeliten, Elias, Mohammed, Rumi, die Sufis, Noah, Jonas, das Volk von Ninive und Jesus. Vielleicht kennen Sie ja noch weitere?

Schreiben Sie jede Änderung 40 Tage lang und erleben Sie die Transformation selbst. Am Tag, an dem Sie beginnen, schreiben Sie die Zahl 40 in Ihren Kalender und zählen die Tage rückwärts bis 1.Tag 40 ist sozusagen der Tag, an dem Sie anfangen, der nächste Tag ist Tag 39 – bis Sie bei Tag 1 angelangt sind. Schreiben Sie auch jeden Tag in Ihr Wundertagebuch. Diese Einträge werden Sie wie Brotkrumen aus dem Wald ins Licht führen.

Herzlichen Glückwunsch, dass Sie Ihr Leben in Ihre eigenen Hände nehmen. Mögen Sie mitten auf die Bühne stehen und eine strahlende Zukunft erschaffen!

GLOSSAR

Abstrich zur Grundlinie: Dieser Strich beginnt an der oberen Linie der Oberlänge und verläuft gerade zur Grundlinie. Er wird auch der „Ich bin“-Strich genannt, da er ganz bewusst unsere Präsenz und Absicht bestätigt.

Aufschwung: Diese Striche kommen am Ende eines Wortes vor. Aufgrund ihrer Form blockieren sie jegliche Vorwärtsbewegung *e*.

Bogen: Während ein Winkel unten spitz ist, ist dieser Strich weich und gebogen. Ein gebogener Strich in der Handschrift kann in einem Füßchen, einem Bogen, einer Schlaufe oder einem Torbogen vorkommen. Bögen stehen für Herzensenergie; Winkel stehen für geistige Energie.

Brückenstrich: Das ist ein horizontaler Strich, für gewöhnlich an der Mittellinie wie im *w* oder *o*.

Füßchen: Dieser geschwungene Strich sieht wie ein Füßchen aus, daher auch der Name. Er steht für eine offene Hand mit der Fähigkeit, sowohl zu geben als auch anzunehmen. Wenn dieser Strich häufig in der Handschrift vorkommt, weist er auf einen Schreiber hin, der gesellig ist und gerne auf andere zugeht. Füßchen können bei den Buchstaben, als Verbindungsstriche zwischen den Buchstaben oder als Einleitungs- und Endstriche vorkommen

Geweitete Mittellänge: Dies bezieht sich darauf, Buchstaben in der Mittellänge geweitet statt zusammengepresst zu schreiben, besonders bei den Buchstaben der Kommunikationsfamilie *a*, *o*, *d*, *g*, *q* und *p*.

Grundlinie: Das ist die imaginäre, unsichtbare Linie, die wir im Geiste zeichnen, um unsere Buchstaben darauf zu schreiben.

Kleines *g* in Form einer Acht: Dieser Buchstabe wird so geschrieben, dass er an die Zahl 8 erinnert. Er gehört zu den stärksten

Strichen, die Sie verwenden können, um Ihre kreative Natur zu nähren, da er Ihr Herz öffnet und die kreative Energie fließen lässt.

Längen: Beim Schreiben mit der Hand gibt es drei Längen. Die Oberlänge steht für Gedanken, Kreativität, Glaubenssätze und alles, was in unserem Kopf vor sich geht. Die Mittellänge steht für das alltägliche Leben, wie den Hund baden, Autofahren, Hände schütteln etc. Die Unterlänge steht für Beziehungen, Bewegung und Aktivität, Ausdauer, Sexualität und eine leistungsorientierte Ausrichtung.

Ligatur: Eine Ligatur ist eine Verbindung zweier Buchstaben, bei der der zweite Buchstabe als Teil des ersten geschrieben wird, wie beim *th*. Ein anderes Beispiel ist das Und-Zeichen *&*, das eine künstlerische Form von *et* ist (lateinisch „und"). Eine Ligatur spiegelt einen anpassungsfähigen Denker mit einer flexiblen Einstellung wider, der gut mit stressigen Situationen umgehen kann. *Siehe* Schüsselstrich.

Lincoln-Fuß: Dieser Begriff bezieht sich auf den Einleitungsstrich, den Abraham Lincoln in seiner Unterschrift verwendete. Es ist der Einleitungsstrich für das Vimala *A*.

Namensschnörkel: Dies ist der Endstrich Ihrer Unterschrift.

Querstich: Dieser horizontale Strich kommt beim *t* vor und kreuzt den Stamm oder sitzt direkt darauf. Er steht für die Willensstärke des Schreibers. *Siehe* Willensstärkestrich.

Rand: Das ist der freie Platz, den wir an den äußeren Rändern unseres Textes freilassen. Er definiert den Bereich in unserem Leben, den wir beschlossen haben auszufüllen, und zeigt uns die Grenzen auf, die wir gesetzt haben.

Rechtsseitige Schlaufe: Diese Schlaufe ist klein, eng und wird nach rechts gerichtet geschrieben. Am häufigsten kommt sie als Einleitungsstrich bei bestimmten Großbuchstaben vor wie dem altmodischen *M N K*.

Richtung des Papiers: Querformat beschreibt den langen Weg. Es sieht so aus: . Hochformat ist beschreibt den engen oder traditionellen und vertrauten Weg. Es sieht so aus: .

Schirmstrich: Dieser kraftvolle Strich ist ein Querstich auf dem Buchstaben t und wird mit einer leicht nach unten gebogenen Kurve geschrieben, sodass er wie ein Schirm aussieht. Er steht für Selbstdisziplin.

Selbstsabotierender Strich: siehe Seite 140.

Schlaufen: Diese Formationen kommen in allen Schreiblängen vor. Sie dienen immer als Behälter. Was sie beinhalten hängt davon ab, wo sie vorkommen. Eine Schlaufe in jeglicher Länge kann entweder positive oder negative Einstellungen verstärken. Ihre Bedeutung hängt davon ab, wie sie geschrieben wird und in welchem Buchstaben sie vorkommt.

Schüsselstrich: Dieser Strich kommt bei einem t-Querstrich vor, der sich dann mit dem nachfolgenden Buchstaben verbindet (th). Er neigt sich nach unten und bildet eine tiefe, schüsselartige Form, bevor er sich mit dem nächsten Buchstaben verbindet. Er steht für mangelnde Orientierung und der Schreiber verfolgt – wenn überhaupt – nur wenige seiner Ziele.

Striche, die in der Mittellänge nachgezogen werden: Es gibt zwei Arten von nachgezogenen Strichen in der Mittellänge: einen *Aufstrich* wie in den Buchstaben d, i und t (es ist ratsam, diese nachzuziehen) und einen *Abstrich* wie in den Buchstaben m, n und h (es ist ratsam, diese nicht nachzuziehen).

Torbogen: Dieser Strich erinnert an einen Torbogen. Jemand, der Torbögen häufig beim Schreiben verwendet, neigt dazu, beschützend oder väterlich zu sein. Sein Verstand argumentiert in einer Schritt-für-Schritt-Vorgehensweise, ist methodisch und wohlüberlegt; oftmals überprüft er, was bereits getan wurde, nur um auf Nummer sicher zu gehen. Dieser Schreiber geht selten Risiken ein, wenn das Ergebnis fragwürdig ist.

Willensstärkestrich: Dies ist der *t*-Querstrich. *Siehe* Querstrich.

Winkel: Hierbei handelt es sich um jegliche geschriebene Form, die mit zwei Strichen eine *V*-Form bildet. Viele Winkel auf der Grundlinie weisen auf einen analytischen Verstand hin. Viele umgedrehte Winkel an der Mittellinie oder in der Oberlänge weisen auf einen ausgesprochen neugierigen Verstand hin. Winkel stehen für geistige Energie; Bögen für Herzenergie.

Zügelnder Strich: Dieser Strich ist nach seiner Bewegung benannt. Er hält die kreative Energie davon ab, weiter vorwärts zu fließen, und zügelt sie. Dieser Strich ist stark unterdrückend und der Schreiber solch eines Strichs spornt das Pferd an, während er gleichzeitig an den Zügeln zieht. Er kommt am häufigsten in den Buchstaben *m*, *n*, *h* und *r* vor und sieht folgendermaßen aus: *m n h r*.

REFERENZEN

Green, Jane Nugent. *You & Your Private I.* St. Paul, Minnesota: Tyestring Productions, 1988.

Hall, Manly P. *Secret Teachings of All Ages.* Los Angeles, Kalifornien: Philosophical Research Society, 1977.

Rael, Joseph und **Mary Elizabeth Marlow.** *Being and Vibration.* Oklahoma: Council Oak Books, 1993.

Rodgers, Vimala. *Change Your Handwriting, Change Your Life.* Berkeley, Kalifornien: Celestial Arts, 1993.

Suetonius. *De Vita Caesarum: Diuus Iulius.* Liber I. Cambridge, Massachusetts: Harvard University Press, Loeb Classical Library. 1995.

DANKSAGUNG

Ich bedanke mich von ganzem Herzen bei Martha und Red Fisher aus Mississippi und Carol und Ralph Meyer aus Pennsylvania dafür, dass sie mich während meines Sabbatjahres bei sich aufgenommen haben, sodass ich dieses Buch schreiben konnte. Ein ebenso großes Dankeschön geht an meine brillante Lektorin, Marcela Landres von Simon & Schuster, deren freundliche Art stets Klarheit, Direktheit, Ehrlichkeit, Leichtigkeit und Verständnis ausstrahlt – eine wahrlich seltene Mischung.

Ich danke Euch aus tiefstem Herzen.

ÜBER DIE AUTORIN

Vimala Rodgers ist Pädagogin, Handschriftenexpertin, Master Alphabetician und Spitzen-Coach. Basierend auf ihren lebenslangen Studien und ihrer Recherche ist Rodgers die Vorreiterin einer Technik, die sich auf Charakterbildung und persönliche Transformation durch unterstützende Handschrift konzentriert. 1991 gründete sie das Institute of Integral Handwriting Studies (IIHS), an dem sie ihre Ergebnisse mit anderen teilt.

Rodgers nahm an der Ausbildung zum Coach der Psychologieabteilung der Stanford Universität teil und arbeitet sowohl mit Einzelpersonen als auch mit Gruppen, die ihre Beziehungen, ihre Welt und ihre Zukunft verändern möchten.

Als begehrte Motivationssprecherin hat Rodgers unzählige Präsentationen für die unterschiedlichsten Gruppen wie die Philosophical Research Society, den Academic Senate an der Universität von San Francisco, Lehrer und Studenten an der Stanford Universität und am Institute of Transpersonal Psychology sowie für Mitarbeiter in Krankenhäuser in den USA gehalten.

Basierend auf der Vision, dass Weltfriede möglich ist, hat es sich das IIHS zur Aufgabe gemacht, eine unterstützende Handschrift in der weltweiten Bildungsgemeinschaft zu verbreiten. Wenn Sie daran interessiert sind, würden wir uns freuen, von Ihnen zu hören. Seien Sie auf Ihrer Reise gesegnet.

Besuchen Sie uns auf: **www.iihs.com**

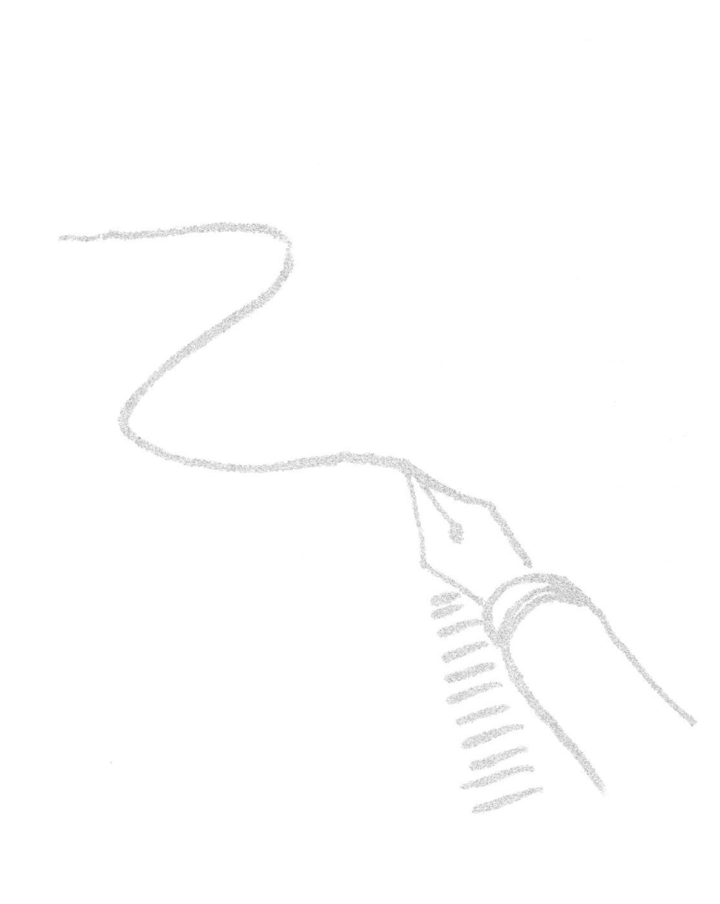

Erlernen des Vimala-Alphabets in Deutschland:

Klaudia Marxmüller-Knopp ist Psychotherapeutin nach dem HP-Gesetz und Dipl.-Sozialpädagogin mit eigener Praxis, in der sie seit über 17 Jahren erfolgreich Menschen durch energetische Psychotherapie, Trauma- und Stressbewältigung, Meditation und schamanische Visualisierungsarbeit hilft. Des Weiteren leistet sie Präventionsarbeit im Bereich Stressbewältigung und Entspannungsverfahren bei der AOK Bayern.

2012 wurde sie – bedingt durch einschneidende Erlebnisse – zu dem Buch „Your Handwriting Can Change Your Life" geführt, woraufhin sie ihre Handschrift änderte. Nachdem innerhalb kurzer Zeit positive Veränderungen in ihrem Leben eintraten, beschloss sie, diese großartige Methode zur Selbstfindung in Deutschland einzuführen. Daraufhin nahm sie Kontakt zum International Institute of Handwriting Studies in Kalifornien auf und absolvierte die Ausbildung zur Trainerin bei Dr. Vimala Rodgers persönlich.

Inzwischen gibt sie in Deutschland erfolgreich Workshops und Einzelberatungen zum Vimala-Alphabet.

Mehr dazu erfahren Sie unter

www.mkm-psychotherapie.de/psychologiehands.html